왜 인간은
남을 도우며
살아야 하는가

왜 인간은
남을 도우며
살아야 하는가

초판 발행일 | 2014년 4월 28일

지은이 | 박이문
펴낸이 | 유재현
출판감독 | 강주한
편집 | 박수희
마케팅 | 장만
사진 | 이명순
디자인 | 박정미
인쇄·제본 | 영신사
종이 | 한서지업사

펴낸곳 | 소나무
등록 | 1987년 12월 12일 제2013-000063호
주소 | 412-190 경기도 고양시 덕양구 현천동 121-6
전화 | 02-375-5784   **팩스** | 02-375-5789
전자우편 | sonamoopub@empas.com
전자집 | http://cafe.naver.com/sonamoopub

ⓒ 박이문, 2014

ISBN 978-89-7139-094-8 03190
책값 15,000원

이 도서의 국립중앙도서관 출판시도서목록(CIP)은 서지정보유통지원시스템 홈페이지 (http://seoji.nl.go.kr)와 국가자료공동목록시스템(http://www.nl.go.kr/kolisnet)에서 이용하실 수 있습니다. (CIP 제어번호 : CIP2014011919)

이타주의에 대한 철학적 성찰

왜 인간은
남을 도우며
살아야 하는가

박이문 지음

소나무

글 싣는 순서

이 책의 주제는 '이타주의'라는 윤리도덕적 심성의 규정 그리고 그것의 인간학적 의미에 관한 심리학적·철학적 성찰이다.

인간은 다른 동물들과 마찬가지로 생물학적으로 각각 독립된 존재로서 자신의 생명을 연장하고 자신의 복지를 위해서 대체로 이기적으로 고독하게 살다가 외롭게 혼자 죽는다. 그 아무도 나의 삶을 대신 살고, 그 아무도 나를 대신해서 죽을 수 없다. 이는 논리적으로 불가능하고 실질적으로도 불가능하다. 이런 이유에서 타자에 대한 인간의 태도는 원천적으로 자기중심적이고 따라서 이기적이다.

하지만 기나긴 역사를 통해서 사회적 동물로 진화한 인간은 각자 '나' 이외의 수많은 개체적 인간들 속에서 함께 집단을 이루고 그들과 더불어 살아야 함을 깨닫고, 사회 구성원들과 공동의 목적을 위해서 서로 협력하고 남들의 고통에 같이 연민을 느끼면서 서로의 고통을 덜어 주고, 때로는 그들이 좀 더 행복해질 수 있도록 자신의 고통만이 아니라 자신의 목숨을 바치면서까지 남의 행복을 자신의 행복처럼 느끼는 심성을 갖춘 동물이기도 하다.

이러한 사실은 자식에 대한 어머니들의 희생적 정신에서 가장 간명하고 보편적으로 입증되며, 이러한 이타적 심성은 다른 동물들에게서도 자명하게 나타난다. 이타심 혹은 이기심이 다 같이 윤리도덕적 심성이라면, 언뜻 보기에 인간만이 아니라 동물도 도덕적 가치 의식을 갖고 있는 것이 아닌가 생각된다. 그러나 윤리도덕적 심성은 생물학적 차원에서 인과적, 즉 자연법칙으로 설명될 수 있는 본능의 표출이 아니라 발달된 반성적 의식, 즉 이성적 사유의 결과이다. 이 세상에서 오로지 이성을 가진 인간만이 윤리도덕적 동물이다. 윤리도덕적이라는 개념이 한 주체의 심성과 행위의 특수한 속성을 지칭하고, 그러한 개념이 논리적으로 적용될 수 있는 주체는 유일하게 인류라는 종에만 해당되는 것으로 다른 동물들에게는 전혀 적용되지 않는다.

의식은 본능에 해당하는 반사적 감각으로서의 의식과, 이성에 해당하는 반성적 의식 즉 사유 두 가지로 구별할 수 있다. 인간을 다른 동물들과 구별할 수 있는 근원적인 잣대는 후자의 의식이 반성적인 데 반해서 전자의 의식은 반사적이라는 점이다. 반성적 의식 즉 이성이야말로 인간을 다른 동물과 구별할 수 있는 유일한 잣대이다. 윤리도덕적 심성 즉 의식은 곧 윤리도덕성의 징표이며, 윤리도덕이라는 심성 혹은 행위는 생물학적 종으로서의 인간을 호모사피엔스 즉 지적 동물이라는 아주 특수한 윤리도덕적 동물로 진화시켜 놓은 근본적인 속성이다.

헤아릴 수 없이 많은 동물들 가운데 윤리도덕적 행위는 오로지 호모사피엔스의 후예인 인간에게만 적용될 수 있다. 모두의 욕망을 동시에 채울 수 없는 사회적 및 자연적 환경에서 인간이 이타적이기보다는 이기적으로 진화한 것은 쉽게 설명될 수 있으나, 인간이 동시에 이타적 심성을 가졌다는 사실은 얼른 설명하기 쉽지 않다.

'이타적'이라는 개념은 한 개인이 자신의 이익을 잠정적으로 혹은 영구히 거두고 남의 고통을 덜어 주며 남의 복지를 먼저 생각하는 윤리도덕적 심성의 본질, 즉 마음씨이다. 그것은 자신의 욕심만을 먼저 챙기려는 마음씨를 지칭하는 '이기적'이라는 개념과 정반대로 대비된다. 윤리도덕의 핵심적인 문제가 정신적 선善과 악惡의 문제라면, 이타적인 마음씨를 '선'이라는 마음씨의 가치로 규정하고 그것에 대비되는 이기적인 심성을 소극적인 의미로서나마 '악'이라는 심성의 가치로 부른다는 것은, 두 개념이 다 같이 윤리도덕적 담론의 밑바닥에 깔려 있음을 함축한다. 그렇다면 그 개념들의 정확한 정의와, 우리가 여기서 제기하는 문제 즉 "왜 인간은 자기를 희생하면서 이타적이어야 하는가?"라는 물음에 대한 대답을 어디서 어떤 방식으로 찾을 수 있을까?

이 책에서 나는 이 물음에 대한 답을 1부와 2부와 나누어 찾아보려 한다.

1부에서는 "왜 우리는 자기희생적으로 남을 도와야 하는가?"라는 문제를 사회학적·심리학적 문제에 앞서 윤리도덕적 가치의 이타주의 문제로 규정하고, 이타주의라는 윤리도덕적 가치를 한층 더 포괄적인 철학적 인식론, 형이상학적이고 초월적인 문제의 일부로 분류하고, 이 물음이 찾고자 하는 대답의 성격을 보다 체계적이고 근본적인 차원에서 밝히고자 한다.

　2부는 1부를 해석하고 보완하는 차원에서, 1부에서 다룬 문제들과 직접적 혹은 간접적으로 관계되는 문제에 대한 짤막한 단편적 성찰의 기록이다.

1부
왜 우리는 자기를 희생하면서 남을 도와야 하는가

이타주의의 원천적 동기에 대한 대답의
세 가지 방식

첫째, 실증적 방법을 생각할 수 있다. 둘째로 과학적 방법, 셋째로 철학적 성찰 방법을 들 수 있다.

첫째 방법은 가장 단순한 것으로, 가령 국회의원이나 대통령 선거 때의 여론조사, 특히 투표 당일 출구조사 따위가 실증적 분석의 사례이다. 이타적 삶을 살았던 수많은 역사적 인물들—예컨대 간디Mahatma Gandhi, 슈바이처Albert Schweitzer 박사, 테레사Teresa 수녀, 호치민胡志明, 만델라Nelson Mandela 대통령, 안중근·유관순·윤봉길 같은 한국의 애국자들 등—에 대한 직접적 혹은 간접적 조사를 통해서 그들이 자기희생적인 삶을 선택한 동기나 이유를 직설적인 방법으로 알아보는 것이다.

하지만 이러한 방법은 너무 소박하다. 한없이 다양하고 서로 모순된 대답이 나올 수도 있으며, 본인들의 대답이 정직하지 않을 수도 있고, 비록 정직한 대답이었다고 하더라도 과학적으로 탐구해 볼 때 실제로는 자신도 모르게 무의식적으로 전혀 다른 동기가 있을 수도 있다. 정신분석학은 한 개인이 스스로 의식하지 못하는 뒤얽힌 심성의 원인과 행동의 동기가 무의식적 차원에서 얼마든지 있을 수 있음을 보여주었기 때문이다.

둘째로 심리학·사회학·생물학·역사학·경제학·환경학 등의 다양한 학문적 이론을 통해 다양한 관점에서 한 인간의 이타적 행위와 삶의 인과적 원인 혹은 이유를 찾아내는 방법도 있을 것이다. 슈테판 클라인Stefan Klein은 『이타주의의 의미Der Sinn des Gebens』─한국어 번역본은 『이타주의자가 지배한다』(장혜경 옮김, 웅진지식하우스, 2011)─라는 책에서 수많은 과학적 연구를 토대로 이타주의가 궁극적으로는 (이 책의 한국어 제목이 보여주듯이) 이기주의의 숨겨진 심층적 전술, 즉 일종의 덫이라고 설명한다.

이와 같은 클라인의 주장은 무제한적으로 사적 이익의

추구를 허용하고 이기적 욕망을 부추기는 자유주의적 자본주의 경제 체제가 이타적인 전체주의적 경제 체제보다도, 애덤 스미스Adam Smith가 말하는 "보이지 않는 손"에 의해서 더 많은 사람들의 이기적 욕망을 더 효율적으로 만족시켜 준다고 주장하는 자유 경쟁적 자본주의 옹호 논리와 아주 유사하다. 이는 어느 정도 맞는 말이다.

이런 사실은 공산주의적 전체주의 국가였던 구소련과 동유럽의 여러 공산 국가의 갑작스러운 몰락, 그리고 공산주의 국가인 중국이 광기에 싸였던 문화혁명의 종말 이후에 적어도 경제적 차원에서는 자본주의 체제로 회귀해서 지난 20여 년 동안 큰 성공을 이룬 사실로 입증된다.

그러나 만약 이타주의에 관한 클라인의 이론이 옳다면, 그가 말하는 이타주의는 결국 '이타주의'가 아니라 가면을 쓴 '이기주의'에 지나지 않고, 정상적 의미에서의 이기주의가 윤리도덕적으로 규탄을 받아야 한다면, 그의 이타주의는 윤리도덕적인 의미와 가치를 상실한다. 이타주의의 심성과 행동의 동기에 대한 클라인의 주장은 언뜻 모순되어 보이는 이타주의 방법의 깊은 동기와 의미를 설명하는 것이

아니라 진정한 의미에서의 이타주의는 결국 이기주의의 전략적 가면에 지나지 않으며 타인에 대한 인간의 심성은 이기주의일 뿐이라는 것이다. 그러나 진정한 즉 순수한 이타주의적 심성이 모든 인간에게 보편적으로 존재한다는 것이 아무도 부정할 수 없는 객관적 사실이라면, 클라인의 이타주의 이론 해석은 사실에 배치된다.

셋째 방법은 이타주의의 개념에 대한 윤리도덕적 즉 철학적 성찰 방법이다. 이런 방법은 이타주의가 인간성의 환상이 아니라 실증적으로나 현상학적으로, 즉 우리들의 주관적 경험의 성찰로 볼 때 부정할 수 없는 인간적 본성 가운데 핵심적이며 보편적인 심성의 하나임을 전제한다. 이기주의와 이타주의가 다 같이 진화의 산물이든 아니든 인간은 이기적이기도 하지만 동시에 잠재적으로 이타적인 동물이다. 나는 인간이 맹자가 말하는 측은지심惻隱之心, 말하자면 윤리도덕적 심성을 갖고 태어났음을 확신하고, 인간은 자신의 삶만이 아니라 모든 현상과 사건 그리고 우주 전체의 의미, 즉 초월적·종교적·실존적 의미와 가치에 목마른 동물임을 스스로 의식하고 그것을 끊임없이 추구한다고 믿는다.

이런 사실은 어떤 과학으로도 도달할 수 없는 '인간 존재의 의미', '어떻게 살아야 하는가'라는 철학적·종교적인 '삶'의 궁극적 의미에 관한 물음에 대한 대답을 새삼 심각히 생각해 볼 기회를 제공할지도 모른다. 이러한 인간의 실존적 문제를 이타주의에 관한 윤리도덕적 경험에 관한 철학적 성찰을 통해서 희미하게나마 엿볼 수 있고, 인생의 의미, 인간, 자연 그리고 우주의 의미에 대한 인류의 목마름이 조금이나마 해갈될지 모른다.

이타주의에 대한 우리의 물음은 이타주의라는 특정한 심리학적 심성의 개념 규정과 그것의 사회학적 기능에 관한 경험과학적 문제가 아니라, 사실은 근본적으로 윤리학 혹은 도덕철학이라 불리는 한 학문의 핵심적인 문제임을 알 수 있다. 그러므로 이 문제에 대한 올바른 대답을 찾자면 우선 '윤리학'의 기본적 문제가 무엇이며, '이타주의'가 윤리학이라는 학문의 총체적 그림 속에서 어떤 자리를 차지하고 있는가를 먼저 살펴봐야 한다.

철학의 한 영역으로서의 윤리도덕적 문제 /

　전통적으로 철학은 모든 학문의 밑바닥에 깔려 있는 개념적 문제들을 총괄적으로 다루는 학문이라는 점에서 흔히 '학문의 여왕'이라 불리기도 했다. 이타주의라는 윤리적 가치, 더 정확히 말해서 "왜 우리는 타자를 위해서 자신의 이익을 희생해야 하는가?"라는 문제의 깊이 있는 대답을 찾기 위해서는 '철학'이라는 가장 포괄적이고 논리적으로 조직적인 학문을 개략적으로 설명하고, 그 속에서 우리의 윤리학적 물음이 자리 잡고 있는 위상을 먼저 파악하고 자리매김할 필요가 있다.

　이타주의의 문제는 윤리적 가치의 문제이며, 학문으로서의 윤리학은 철학의 일부분을 차지한다. 서양의 전통에서 철학은 크게 세 분야로 분류되는데, 그 세 분야는 각기 존재론, 인식론, 가치론이라고 부른다. 그리고 가치론의 한 영역으로 윤리학 또는 도덕철학이 있다.

존재론

첫째, 존재론은 우주의 현상들과 그 밑에 깔려 있는 불변의 객관적 실재, 즉 본질을 탐구하는 학문으로서의 형이상학과 거의 동일어로 사용되기도 한다. 형이상학으로서의 존재론에서는 일원론monism, 이원론dualism, 다원론pluralism 등이 서로 경쟁한다.

일원론의 예로는 플라톤Platon의 철학, 힌두교, 불교, 주역周易, 노장老莊 사상, 스피노자Benedict de Spinoza, 헤겔G. W. F. Hegel이나 베르그송Henri Bergson의 관념론적 형이상학과 데모크리토스Democritos, 홉스Thomas Hobbes, 마르크스Karl Marx 그리고 현대 자연과학에 깔려 있는 모든 유물론적 세계관 등이 대표적이다.

그런가 하면 우주의 모든 것은 정신과 물질이라는 두 개의 속성으로 환원된다는 주장인 이원론은 고대 그리스의 아리스토텔레스Aristoteles, 17세기 프랑스의 데카르트René Descartes 등의 철학자들과 대부분의 일반 사람들이 무의식적으로 갖고 있는 형이상학으로 나타난다.

또한 다원론의 예로는, 18세기 독일의 수학자이자 철학자였던 라이프니츠Gottfried Wilhelm von Leibniz의 다원주의적 존재론과 같이 우주는 서로 환원하거나 소통할 수 없는, 즉 '창문 없는 무수한 수'의 다원적 미립자인 단자單子, monad의 집합에 지나지 않는다는 형이상학적 존재론이 있다. 전통적으로 서양 철학은 이원론적 형이상학에 지배되어 왔다면, 동양 철학은 대체로 일원론적 형이상학이 지배해 왔다.

인식론

인식론은 인간이 주체적으로 위와 같은 '것들', 즉 존재 현상이나 실재들을 인식해서 삼라만상에 관한 참된 정보인 진리를 발견하고 서술하는 과정에 있어서의 인간의 의식이나 감각과 그 대상과의 관계를 연구하는 철학의 영역을 지칭한다. 인식론은 인식의 주체와 대상의 관계가 가변적인 감각적 경험이 아니라 비감각적 인식 능력을 갖고 있는 보편적이고 투명한 이성에 의한 대상-존재의 발견에 있다고 주장한다. 일반적으로 전자를 합리주의적 인식론, 후자를 경험주의적 인식론이라고 부른다. 합리주의적 인식론은 고대 그리스의 플라톤이나 17세기 프랑스의 데카르트로 대표되고, 경험주의적 인식론은 영국의 홉스나 베이컨Francis Bacon 그리고 흄David Hume에 의해 대변된다.

위의 두 가지 상반되는 인식론 외에 제3의 이론으로 칸트Immanuel Kant가 발견한 선험주의적transcendental 인식론이 존재한다. 선험주의 인식론에 따르면, 세계의 인식은 감각적 경험과 동시에 이성의 합작품으로 구성된 공동 작품이다. 칸트의 선험주의적 인식론에 의해서 (그의 표현을 빌려 쓰자면) 인식론에서 코페르니쿠스적 혁명이 일어났고, 그로 인해 우리는 '인식'과 인간의 '의식'에 관해 놀라운 새 지평을 열었던 것이다.

서양의 인식론의 대체로 분석적이고 조직적인 데 반해, 동양의 인식론은 대체로 종합적이고 직관적이다.

윤리학

1) 덕의 윤리학과 규범윤리학

철학 일반의 세 영역 가운데 하나인 윤리학은 앞의 다른 두 영역에 비해서 한층 더 복잡하다. 그 이유는 윤리적 문제가 가치중립적, 즉 주관적 가치 평가와는 상관없이 독립해서 객관적으로 존재하는 대상objective fact에 관한 순수한 지적 문제가 아니라 인간의 주관적인 가치 평가가 필연적으로 개입된 인간의 심성과 행위 결단에 관한 문제이기 때문이다.

윤리학은 인간으로서 바람직하게 갖추어야 할 심성이나 덕목들과 그 반대의 것들을 가려내고, 인간이라면 누구나 자신이 살고 있는 인간 공동체에서 지켜야 할 행동 규범이라는 가치 체제에 관한 탐구이다. 전자를 '덕의 윤리학virtue ethics', 후자를 '규범윤리학normative ethics'이라 부른다.

덕의 윤리는 인간으로서 갖추어야 할 근본적인 정신적 덕목을 지칭하며, 그것의 구체적 내용과 종류는 문화나 시대 또는 상황에 따라 다소 가변적이지만 대체로 유사하다. 가령 자비심compassion, 측은지심benevolence, 정의심justice, 용

맹성courage, 근면성diligence, 현명성intelligence, 진정성authenticity 등등의 타인이나 사회에 관한 인간의 심성과 자세를 동서고 금을 초월한 거의 보편적인 도덕적 덕목으로 들 수 있다. 덕의 윤리학은 이러한 윤리적 덕목들의 본질을 밝히고, 한 인간을 평가할 때 그것들이 차지하는 비중을 측정하고 그 근거를 밝히는 작업이 될 것이다.

이런 점에서 덕의 윤리학은 심리학·사회학·교육학과 밀접한 관계를 갖는다. 덕의 윤리를 위와 같이 철학적 분야로 규정할 때 그것은 컴퓨터 하드웨어에 비유할 수 있는 사회적 제도로서의 규범 윤리에 대비해서 윤리적 주체인 인간의 보이지 않는 내면적 심성 즉 내용에 관한 담론이 되는 만큼 컴퓨터의 소프트웨어 즉 윤리학의 콘텐츠에 해당된다.

여기서 우리의 주제인 이타심altruism은 인간 행동의 보편적 동기로 전제된 이기심egoism과 대립된 개념에 대한 행동 동기로서 일종의 자비심 혹은 연민이라는 덕목의 한 특수한 표현으로 볼 수 있다.

심성을 떠난 타자에 대한 인간의 행동이라는 것은 있을 수 없고, 모든 인간의 행동이 심성의 표현이라면, 행동으로

이어지지 않는 마음씨는 윤리적으로 공허하다. 덕의 윤리학이 타인들과의 사회적인 인간관계에서 생기는 각자의 심성인 마음씨에 관한 윤리적 성찰이라면, 규범윤리학은 덕의 윤리학이 효율적으로 작동될 수 있는 지침 혹은 보편적 법칙들을 탐구한다. 그것은 어떤 원리에 의해서 도덕적 선/악, 진정성/가면성假面性 등을 분간하고 도덕적으로 옳은 행동을 결정하는 근거를 제공하는 문화적 전통의 근거로 여겨져 왔다. 하지만 그러한 윤리 규범이 주관적이고 가변적이며 상대적이라는 점에서 문제가 있어 왔고, 새로운 토대를 갖는 이른바 근대적 즉 합리적 규범윤리학을 제정할 필요가 18세기 이후 절실하게 의식되어 왔다.

규범윤리는 큰 틀에서 18세기와 19세기에 걸쳐서 영국의 벤담Jeremy Bentham이나 밀John Stuart Mill 등과 같은 철학자들에 의해서 창안되었고, 19세기 후반부터는 퍼스Charles Sanders Peirce, 제임스William James, 듀이John Dewey, 콰인Willard Van Orman Quine, 롤스John Rawls 등 미국 철학자들에 의해 발전된 공리주의적·실용주의적utilitarian 규범윤리학과 18세기 독일의 철학자 칸트에 의해 정초된 의무주의적deontological

규범윤리학으로 양분된다.

전자의 입장에서 보면 윤리적 규범의 가치는 실용적 유용성에 있지만, 후자의 관점에서 보면 윤리적 규범의 가치는 그것이 바로 인간이 지켜야 할 의무에서 찾아야 한다는 것이다. 전자의 윤리적 규범은 그 자체로는 목적이 아니라 도구에 불과하지만, 후자의 관점에서 보면 윤리적 규범에 따르는 행위 그 자체가 인간으로서의 윤리적 가치이며 의무이자 동시에 목적이라는 것이다.

2) 실천윤리학과 메타-윤리학

대학을 중심으로 이루어지는 이른바 '강단철학'에서 탐구되는 또 한 가지 종류의 윤리학의 학문적 스타일을 여기서 언급할 필요가 있다. 그것은 1950~1970년대 전반까지 미국 강단철학계에서 한참 유행했던 실천윤리학substantive ethics과 메타-윤리학meta-ethics의 구분이다. 윤리학의 기능과 목적이 윤리적으로 선하고 옳은 인간이 되는 데 있고 도덕적으로 착하고 좋은 삶을 사는 데 있다고 생각해 왔지만, 윤리학은 유동적인 인간 심성과 주관적일 수밖에 없는 '인간의 가치관'을 인식 대상으로 삼을 수밖에 없고, 그러한 심성과 가치들은 객관적 학문의 인식 대상이 될 수 없다는 인식이 1950년대에 유행했던 이른바 분석철학에 빠져 있던 영미 계열 대학의 철학계에 넓고 깊게 퍼져 있었다.

이런 점에서 모든 가치가 그러하지만 한 인간이 타자에 대해 가지는 마음씨나 행동의 윤리적 선/악에 관한 객관적 가치 판단은 그것이 원천적으로 갖게 되는 주관성 때문에 학문 즉 객관적 진리 탐구의 대상이 될 수 없다는 것이다. 이런 이유에서 적어도 미국을 비롯한 영어권 국가들에서는 1950~1970년대까지만 해도 실천윤리학 즉 도덕 가치를 평가하는 활동은 고사 상태에 빠져 있었고, 기껏해야 메타-윤리학이라는 윤리적 담론에 사용되는 개념들의 언어 분석에 집중되어 있었다. 따라서 윤리학은 실질적 즉 구체적 삶과 분리되어 일종의 개념적 논리에 관한 담론에 머물렀다.

베트남 전쟁과 그에 따른 극심한 사회적 갈등과 정치적 혼란으로 인해 도덕적 문제가 철학에서 새롭게 주목을 받게 되었다. 이제 모든 분야의 학계와 직업에서 윤리도덕적 문제는 누구에게나 중요한 학문적·교육적 차원에서 보편적인 문제로 불거졌다. 싫건 좋건 인간의 실제적이고 구체적인 삶은 존재의 실체성과 허상, 인식의 진/위, 행위의 선/악에 관한 윤리적 결단을 전제하지 않고는 불가능하다는 인식이 점차 확산되었다. 오늘날 윤리도덕 철학은 인간이 관여하는 모든 영역에서 동시에 중심적인 이슈로 부각되고 있다.

이타주의의 철학적 성격 /

이 책에서 제기하는 문제는 '이타주의'라는 윤리적 개념이다. 이타주의는 "남들의 고통에 대한 연민과 그런 심성에서 발견되는 자신의 개인적 욕구를 억제하고 남의 입장에서 남의 고통을 덜어 주려는 일종의 봉사 정신"이다. 그러나 "왜 우리 인간은 이타주의적 행동을 해야 하는가?"라는 윤리도덕적 개념은 말로 시작하고 말로만 끝나는 윤리학자나 도덕 철학자들의 몫이 아니라 수많은 종류의 자원봉사자들과 그들의 활동을 통해서 구현되는 행동의 문제이기도 하다. 그들의 활동은 곧 이타주의적 심성의 실천이기 때문이다.

또한 이타주의의 도덕적 가치는 정치사회적 차원에서 복지 정책의 확장으로 늘어나고 있다. 지난 몇 십 년간 한국 사회에서 자원봉사자와 봉사 활동 단체의 수도 많이 늘어나고 국가의 복지 정책도 과거에 비해 크게 확대되어 가고 있다. 이는 곧 개인적으로나 집단적으로 우리 한국인과 사회가 그만큼 윤리적으로 발전하고 성숙해졌음을 의미한다.

그러나 이 책에서 우리들의 직접적인 문제는 위와 같은 사실을 확인하고 서술하는 데에 앞서 한결 구체적이고 한층 더 특정한 윤리학적 문제, 즉 "어떤 근거나 이유에서 인간은 이타주의적 동물이 될 수 있는가?"라는 물음에 대한 답을 찾는 데 있다. 이런 점에서 우리의 물음은 윤리도덕적 물음이지만, 그중에서도 '덕의 윤리학'에 관한 문제이며, 이타주의라는 윤리적 심성으로서의 특수한 덕목 현상의 가능성을 설명하는 문제이다.

인간이 근원적으로 동물이며 모든 동물의 행동 동기가 이기주의적이라는 사실이 자명하게 보이는 이상, 그와 정반대되는 이타주의라는 인간의 윤리적 덕목과 그에 따른 행동이 쉽게 설명되지 않을 수도 있다. 하지만 냉정히 따져 보면 이타주의가 모든 윤리도덕적 심성과 행위의 밑바닥에 깔려 있는 개념이기 때문에 인간에게서 발견될 수 있는 이타심을 빼놓고는 윤리학ethics 혹은 도덕철학moral philosophy은 존재할 수 없다.

그렇다면 윤리학 또는 도덕철학은 곧 이타주의에 관한 탐구에 지나지 않으며 선/악, 옳고/그름, 이기주의/이타주의 등을 구별하고 그에 따른 갈등 해소 문제에 지나지 않는 윤리도덕적 문제가 시대와 장소를 가리지 않고 항상 인간을 떠나지 않는 이유는 무엇인가? 그것은 생물학적 동물로서 인간은 언제나 고독하게 독립된 동물이지만, 인간이라는 영장류로서는 다른 동물들과 달리 각별하게 사회적 동물로 진화했기 때문이다. 대부분의 다른 동물들과 달리 인간은 근본적으로 사회적인 집단을 구성해서 서로 협력하면서 살아가야만 하는 생물체가 되었기 때문이다. 윤리도덕의 문제는 곧 사회적 관계, 즉 인간관계의 문제라는 것이다.

사회적 동물로서의 인간 간의 협동과 갈등

오늘날 인간들은 첨단 과학기술 문명의 한복판에서 예전에 비하면 물질적으로는 무척 윤택하게 그리고 때로는 사치스럽게 산다. 그러나 아직도 대부분의 인간 사회는 어딘가

야만적이고 삭막하고 험악하고 잔인하다. 우리 자신이 생각해도 믿기지 않는 과학 지식과 기술을 축적하고 경제적으로는 세계의 모든 인간들이 충분히 먹고살 수 있는 부를 생산하기도 하지만, 지구상에는 천문학적 수의 인간들이 굶주림으로 고통 받고, 폭력으로 잔인하게 죽는 경우도 허다하다.

인류는 한편에서는 철학적으로 한없이 정교하고 우아한 윤리도덕 이론을 개발해 왔다. 하지만 다른 한편에서는 인간의 목숨만이 아니라 세계의 모든 것을 단숨에 파괴할 수 있는 무서운 힘을 갖춘 첨단 과학기술로 만들어진 잔인한 핵무기를 개발하고 판매하는 데 혈안이 되어 경쟁하고 있는 것이 또한 오늘날 문명사회의 역설적인 현실이기도 하다. 이런 점에서 누가 뭐라 해도 오늘날의 문명은 병들었고, 오늘날의 인류가 미쳤다는 사실은 분명하다.

인간은 생물학적으로는 각각 독립된 고독한 생명체이지만 위와 같은 오늘날의 문명사적 맥락에서 볼 때 개인적 혹은 집단적 차원에서 여러 가지 다양한 원인과 이유로 서로가 남들로부터 크고 작은 도움과 협력을 필요로 하는 경우가 허다하다. 오늘날 인간은 생물학적 존재의 차원을 훌쩍 뛰어넘어 사회적 동물로 진화했다. 인간이 사회적 동물이라는 점은 생물학적으로 고독한 실존적 개체에 머물지 않고 수많은 다른 인간을 떠나서는 존재할 수 없음을 뜻한다. 각 개인은 다른 사회 구성원들과의 복잡하게 얽힌 사회적 관계망 속에서만 생존할 뿐만 아니라 그러한 관계 속에서만 삶의 보람을 경험하며 자신의 존재 의미를 발견할 수 있다.

인간은 실존적 동물이기에 앞서 사회적 동물이다. 어떤 사회 공동체에 속하지 않는 한 인간은 단순한 동물로 전락한다. 인간이 사회적 동물이라는 것은, 인간이라는 종에 속한 동물들과 반드시 크고 작은 무리를 짓고 공동으로 살 수밖에 없음을 뜻한다. 이런 맥락에서 볼 때 인간적 존재의 사회성은 곧 인간적 존재가 원천적으로 윤리도덕적이라는 데 있다.

그러나 개별적 인간의 관심사나 가치관이 여러 차원에서 서로 상충하는 만큼 한 공동체 구성원들 간의 갈등은 불가피하다. 따라서 인간 사회에서 그것을 구성하는 개별적 인간들은 언제나 서로 간의 갈등관계로 얽혀 있다. 사회적 동물로서 사회 공동체 공동의 집단적 목적과 가치를 위해서 한편으로는 자신의 사적인 목적을 잠시 접어 두고 공동선의 실현을 위해 다른 구성원들과 협력하고 서로 도와야 하지만, 다른 한편으로는 개인적이고 은밀한 목적을 위해 다른 구성원들과 싸워서 이겨야 한다.

이처럼 한 사회 안에서 개인들 간의 관계는 언제나 이중적이며, 협력적인 동시에 갈등적이며, 이타적인 동시에 이기적이다. 인간성에 관한 리처드 도킨스Richard Dawkins의 유명한 진화론적 주장에 따르면, 인간의 모든 고유한 성격은 그것이 어떤 것이든 인류가 걸어온 수억 년 동안의 기나긴 진화 과정에서 자신의 DNA 속에 저축된 수억 년의 경험이 압축된 산물이다. 진화의 근원적 목적이 종족 번식과 번성이며, 그러한 번성이 이기적인 투쟁을 전제함으로써 인간의 종자로서의 DNA는 근원적으로 이기적이라는 것이다.

그러나 이기주의뿐만 아니라 이타주의도 인간 외의 다른 동물들에서 다 같이 '본능'으로 발견될 수 있다면, 이기주의와 반대되는 이타주의 역시 인간만이 아니라 모든 동물의 본성에서 찾아야 할 것이다. 만일 서로 모순되는 이기주의와 이타주의가 동시에 동일한 DNA로 설명될 수 있다면, 그것은 DNA가 보편적이지만 서로 모순된 인간의 본능적 속성을 설명할 수 없음을 뜻한다. 따라서 만약 이타주의나 이기주의가 다 같이 인간의 윤리도덕적 의식과 행위라면, 도덕적 의식만이 아니라 모든 심성과 행동을 '이기적인 DNA'로 설명할 수 없다.

앞서 언급한 책『이타주의자가 지배한다』에서 슈테판 클라인의 설명은 '이타주의'라고 불리는 핵심적인 도덕적 심성의 기원과 그 의미, 즉 "왜 스스로의 이해관계를 뒤로하고 남을 돕는가?"라는 물음에 관한 과학적 설명의 좋은 예로 볼 수 있다. 클라인은 일상생활에서 접할 수 있는 수많은 구체적 사례와 더불어 심리학적·사회학적·생물학적·진화론적 그리고 역사적인 과학적 연구들에 기대어 이타주의의 심층적 의미를 설명하고 그것이 눈에 보이지 않는 여러 차원에서 집단적으로나 개인적으로나, 인간 사회에서나 동물 사회에서나 다 같이 생존과 번식에 유리하게 작동한다고 주장한다.

이타주의에 관한 위와 같은 물음과 대답은 복잡하고 번거로우나 재미있고, 실제 생활에서 유용하게 참고할 수 있

는 구체적인 인간학적·사회학적·심리학적 그리고 역사적인 정보가 될 것이며, 따라서 그만큼 우리가 살아가는 데 중요하다.

하지만 여기서 우리가 이타주의와 관련해서 제기하는 문제는 구체적이 아니라 개념적이며, 사실적이 아니라 관념적이고 논리적인 것이며, 과학적 정보의 수집이 아니라 어떤 주장의 일관된 타당성 즉 철학적 문제이다. 이타주의라는 개념이 위와 같은 의미에서 철학적 문제를 불러오는 이유는 무엇인가? 그것은 인간의 보편적 심성이 이타적이 아니라 이기적이라는 신념이 전제로 깔려 있는 대부분의 경우에도 동시에 인간은 이타적 심성을 갖고 이타적 행동을 할 수 있다는 객관적 사실에 있다.

인간의 심성이 근본적으로 이타적이냐 이기적이냐 하는 문제를 놓고 고대의 맹자와 순자 간의 성선설과 성악설 논쟁이 있었고, 근래에는 인간의 본성이 있느냐 없느냐를 두고 하버드 대학교 심리학과에서 핑커Steven Pinker와 굴드 Stephen Jay Gould 간의 논쟁이 있었다. 그러나 위와 같은 문제는 엄격히 말해 과학적인 문제이지 철학적인 문제가 아니다.

그런 문제도 이타주의와 이기주의 간의 관계에 관한 물음과 똑같이 실증적 연구를 통해서 결정될 것이지 철학적 논쟁의 대상은 아니다. 이타주의를 둘러싸고 여기서 검토하고자 하는 문제는 과학적 즉 실증적인 것이 아니라 철학적 차원의 문제이다.

과학적 문제와 대답은 실증적으로 제시할 수 있다. 그러나 철학적 대답으로는 인과 법칙이 비가시적인 인간의 논리적 사유 즉 정신적 고양, 사물에 대한 애착, 인간의 목적이나 의도나 가치관 등의 개념들 간에 얽혀 있는 논리적 관계의 일관성에 의존해야 한다.

"왜 인간은 자기희생적으로 이타적이고 도덕적이어야 하는가?"라는 물음에 대한 대답은 실증과학적인 관점과 철학적 관점에 따라 서로 달라진다. 실증적으로 옳은 대답이라고 해서 당연이 철학적으로도 옳은 대답이 될 수 있는 것은 아니다. 철학적으로는 영원히 확실하지 않은 채 남겨질 가정적이자 잠정적 대답이 있을 뿐 절대적으로 만족스러운 것은 없다. 그럼에도 적지 않은 사람들이 적지 않은 경우 자연스럽게 선천적으로 이타주의자가 되고 윤리도덕적으로 이타적으로 살아야 할 도덕적 의무가 있다고 생각한다. 이런 모순된 생각과 행동을 어떻게 설명할 수 있을까? 이것이 바로 여기서 내가 인간의 이타주의에 관해서 제기하고 그 대답을 찾고자 하는 철학적 사유의 한 영역으로서의 윤리학 즉 도덕철학의 한 문제이다.

이타적 동물로서의 인간

모든 생명체는 개체로 존재하고 그것의 행동 주체는 그 자신이며, 그것의 행동은 존속과 번영 그리고 행복이라는 자기중심적 가치 충족을 지칭하는 이기적 본능으로 설명된다. 절대 대부분의 경우 인간의 욕구와 행동은 동물과 마찬가지로 자기중심적이고 이기적이다. 하지만 인간만은 경우에 따라 자기 자신의 이익에 배치되는 자기희생적이고 이타적인, 즉 타자의 이익을 우선으로 택한다는 점에서 근본적으로 윤리도덕적이다. 물론 동물들 가운데서도 어미가 새끼의 양육과 성장을 위해서 종種적인 측면에서 집단적 노력을 아끼지 않는 경우가 적지 않다. 이런 점에서 동물도 인간과 마찬가지로 윤리도덕적이라고 말할 수 있을 것 같다.

하지만 인간 이외의 동물들이 보여주는 이타적 즉 윤리도덕적 행위는 인간의 이타적·자기희생적·윤리도덕적 행위와 근본적으로 다르다. 동물의 이타적 행동은 의식적인 즉 사유의 산물이 아니라 거의 기계와 같은 무의식이 본능적으로 만들어 낸 동작이기 때문에 문화적이거나 사회적인 의미가 없고 윤리도덕적 의미도 전혀 없다. 새들이 트는 둥지가 아무리 정교하더라도 인간이 구축한 대성당과 다른 것은, 전자가 무의식적 본능 즉 자연의 표현인 데 반해 후자는 인위적인 문화적 산물이라는 점이다. 동물의 이타적 행위는 사실인즉 본능에 의해 이미 인과적으로 즉 기계적으로 작동하도록 입력된 생물의 기계적 기능의 효과일 뿐 참다운 의미에서 윤리도덕적 행위일 수 없다.

오로지 인간만이 진정한 뜻에서 타자들과 복잡한 관계를 맺고 사회 공동체를 형성하며 다른 구성원들과 때로는 협동적으로 때로는 적대적 관계로 갈등하면서 언제나 타자들과의 관계 속에서만 살아간다. 이런 인간 사회에서만 이타적 혹은 이기적 심성과 행동이 윤리도덕적 가치 평가의 대상이 될 수 있다. 지구상에서 아니 어쩌면 우주 내에서 인간의 심성과 인간의 행위만이 윤리도덕적 의미를 가지며, 인간의 행동만이 윤리도덕적 입장에서 이타적 혹은 이기적이라는 관점에서 평가될 수 있다. 인간은 진정한 의미에서의 이타적 행동을 할 수 있는 동물, 즉 남의 고통에 연민을 느끼고 남의 윤리도덕적 가치 평가로부터 완전히 자유로울 수 없는 유일무이한 존재이다.

모든 물질적 현상이 기계적으로 작동하고 인과적 법칙에 의해서 설명되는 데 반해서 인간을 포함한 모든 동물은 본능에 따라 자기 주변 환경의 생물학적 조건에 비추어 거의 기계적으로 반응한다. 하지만 오직 인간만이 자신의 의도적 목적과 계획, 즉 자신이 지향하고 추구하는 가치에 따라 의식적으로 행동하고, 그 가치는 크게 '진/위'라는 지적 가치, '미/추'라는 미적 가치, '선/악'이라는 윤리도덕적 가치로 범주화된다. 그러므로 인간의 심성과 행동, 즉 한 인간에 관한 총체적 가치 평가는 필연적이며 궁극적으로 윤리도덕적이라는 포괄적 가치 평가의 범주에 속한다.

지적 가치는 생물학적 충족을 위한 바탕으로서의 자연

환경에 관한 지식적 즉 정보적 가치이며, 미적 가치는 지적 만족의 차원을 넘는 정서적 만족을 위한 가치라면, 선/악이라는 윤리도덕적 가치는 인간이 동물의 차원을 훨씬 넘어 정신적·형이상학적·영적 가치를 지향하는 동물 아닌 동물이라는 것을 확인해 준다. 이런 점에서 윤리도덕적 가치는 인간이 추구하는 가치들 가운데서도 가장 핵심적이고도 근본적인 것이다. 인간을 다른 동물들로부터 구별할 수 있는 가장 근본적인 아니 유일한 잣대는 그의 윤리도덕성에 있고, 윤리도덕성의 가치를 도덕적으로 선한 즉 착한 마음씨와 윤리적 규범에 맞고 옳은 행동으로 규정할 수 있다면, 윤리도덕성은 한 행동의 주체가 자신의 희생을 감수하면서까지 타인의 아픔을 덜어 주고 그를 보듬어 보다 편하고 행복할 수 있도록 하겠다는 마음씨이자 그러한 가치를 위한 실천적 노력이다.

그러한 마음씨와 실천적 행동의 가치를 이타주의라고 부를 수 있다면, 이타주의는 곧 인간 모두가 알게 모르게 가장 귀중히 존중하고 자신의 삶에서 실현하려고 노력하는 여러 가지 가치 가운데 최고의 윤리도덕적 가치이다. 그것은 한 인간의 삶의 의미를 평가하는 궁극적 잣대이기도 한데, 그 핵심은 이타주의라는 심성적 및 실천적 가치이며, 학문의 한 영역으로서 윤리 혹은 도덕이란 곧 이타주의에 관한 체계적 사유와 학문의 개념들이다.

이타주의의 구체적 사례

이타주의는 자신의 본능적 즉 자기중심적 욕망을 희생적으로 억누르고 타인 특히 약자들의 욕망, 아픔, 복지 그리고 행복을 우선적으로 배려하는 심성이며, 그러한 마음씨에 걸맞은 행위의 가치를 의식적으로 믿고 인간으로서 옳게 살아야 한다고 믿는 마음씨이자 가치관이다.

동물들 역시 자기 후손을 위해 자기희생적이고 헌신적으로 다양한 활동을 한다는 사실을 인정할 때, 때로는 목숨을 건 이타적 본능을 갖고 태어났다고 할 수 있다. 하지만 모든 동물들의 이타적 행위가 의식적 반성을 통한 행동이 아닌 본능적인 행위여서 물질 현상과 같이 본능이라는 인과적 원인과 결과 간에 존재하는 자연의 법칙으로 설명되는데 반해서, 인간의 행동은 그러한 물리적 인과 법칙에 완전히 지배되지 않고 자신의 자유 의지에 의해 창조적으로 선택된 어떤 가치 실현을 위한 이성적 활동이라는 데에 동물의 본능적 행동과 결정적인 차이가 있다.

그렇지만 대개의 경우 사람들의 실질적 태도와 행동의 동기나 이유를 냉정하게 통찰하여 분석하고 반성해 보면, 그들 자신의 이성이나 의지와는 달리 이타적이 아니라 오히려 이기주의적 즉 자기중심적이며 따라서 비윤리도덕적이다. 이런 점에서 동물과 인간의 차이는 절대적이 아니라 상대적이며, 그것은 진화론적 인종의 탄생에 대한 설명으로 뒷받침된다. 인간도 윤리도덕적인 측면에서 볼 때 동물의 연장선상에서 완전히 벗어나 있지 않고, 도덕적 동물로 진화했음에도 인간은 여전히 동물적이라는 것이다. 호모사피엔스의 인류와 그 밖의 동물과의 경계는 절대적인 것이 아니다.

인류를 포함한 모든 동물이 이타적이기에 앞서 이기적이라는 사실은 그들이 장구한 시간 동안 살아 왔던 구체적인 객관적 모습을 개인적 차원에서든 사회적 차원에서든 반성해 본다면 (심리학자나 사회학자 또는 역사학자가 아니더라도) 누구나 자명한 사실임을 인정할 수 있다. 수십만 년을 거치면서 생물학적으로 믿을 수 없을 만큼 오늘과 같이 지적으로 진화했음에도 인류의 심성과 행동은 야생적 동물성의 뿌리에서 완전히 자유롭지 못하다. 문명화한 오늘날에도 우리의 심성과 행동은 아직도 근본적으로는 이성적이기에 앞서 본능적이고, 이타적이기에 앞서 이기적이다.

인류가 직립하여 두 발로 걷고 두 손을 자유롭게 사용할 수 있게 된 이후로도 몇 십만 년이 흐르도록 인간은 수많은 종류의 다른 동물들과 생사를 걸고 경쟁적으로 싸워서 승자로 살아남아 몇 만 년 전부터는 나름대로의 문명사회를 구축할 수 있었다. 그러나 그만큼 더 이기적으로 다른 동물들은 물론이고 같은 인간들과도 치열한 경쟁을 공격적으로 벌여야만 했다. 이런 생존 조건 아래 인간 삶의 경쟁적 조건과 형태는 21세기 첨단 과학기술을 갖춘 생활을 하는 현재에도 근본적으로 달라지지 않았다. 놀라운 첨단 과학기술의 혜택을 누리고 사는 오늘날에도 인간은 대체로 누구나 이타적이기에 앞서 이기적이다.

오늘날에도 아마존 정글이나 보르네오 밀림, 아프리카 오지 등에서 수많은 부족들 간에 생사를 건 원시적 싸움이 끊임없이 벌어지고, 지구상의 국가들 간에는 가혹한 전쟁이 끝나지 않고, 한 국가 안에서 당파와 파벌들 간의 무력적 투쟁이 온 지구상에서 벌어지고 있다. 또한 국가나 사회의 크고 작은 공적 기관에서 벌어지는 공금 횡령 및 뇌물 수수 등의 도적질, 어린 학생을 자살로 몰고 가는 왕따 문제 등이 한국에서도 심각한 사회문제가 된 지 오래이다. 이러한 사실과 사건들에서 드러난 타자에 대한 인간의 사악하고 공격적인 이기적 마음은 생존을 위한 진화 과정에서 인간의 DNA에 불가피하게 고착된 한 가지 본성으로 볼 수 있다. 그렇다면 이미 고대에 주장된 순자의 성악설이 설득력을 갖는다.

하지만 객관적인 역사적 사실이나 오늘날 우리 주변에서 명백히 관찰되는 수많은 사건에 비추어 볼 때 맹자의 성선설도 순자의 성악설만큼 설득력 있는 학설임을 부정할 수 없다. 맹자가 주장했듯이 우물에 빠져 죽음의 위협에 놓인 아이를 보면 구해 내려는 심성이 생기는 것이 인간의 부정할 수 없는 또 다른 본능이기도 한 것 같다. 인간이 근본적으로 이타적 즉 윤리도덕적 동물이기도 하다는 사실은 우리 인간의 선/악에 관한 우리의 판단을 헷갈리게 한다.

이제부터는 이타적 삶을 산 구체적 사례들을 살펴보자.

중세 아시시Assisi의 수도사 성 프란체스코St. Francis는 아프리카의 사막에 가서 수도하면서 생명의 엄숙한 존엄성이라는 명목으로 그곳 원주민뿐 아니라 모든 동물들을 벗 삼아 평생토록 친밀한 관계를 맺고 함께 살면서 성자가 되었다.

신학자 슈바이처 박사는 새삼스럽게 의학을 공부하여 아프리카 오지에서 병마에 고통을 받고 죽어 가는 가난한 현지 주민들을 위해서 '생명의 존엄성'이라는 가치를 지키며 일생을 보냈다.

간디는 10억이 넘는 인도인들의 인간적 존엄성을 보존하기 위해 영국 백인 제국주의자들의 차별적 억압과 고문에 맞서 극한 상황 속에서도 맨손으로 비폭력 저항을 고집했다. 인도 독립 과정에서 힌두교 광신도의 권총을 맞고 암살당할 때까지 비폭력·평화적 사회개혁 운동을 벌인 그는 온 인류의 도덕적 스승으로 존경받고 있다.

유고슬라비아의 가톨릭 집안 태생인 테레사 수녀는 낯선 인도에 와서 빈민굴 나병환자들의 몸을 씻겨 주고 간호하면서 평생을 외롭게 살다가 세상을 마친 뒤 성녀聖女로 추앙받고 있다.

미국의 목사 루터 킹은 흑인들의 인권을 위해 싸우다가 젊은 나이에 암살을 당했고, 남아프리카공화국의 만델라는 백인들의 인종 차별에 저항하면서 인생의 반 이상을 감옥에서 지냈는데 대통령이 되고 나서도 겸손하고 소박한 생활을 하면서 살았다.

한국의 이태석 신부는 봉사 활동을 목적으로 의학 공부를 다시 해서 몇 해 전 암으로 작고하기까지 아프리카 오지에서 아이들을 위해 학교를 만들어 글과 노래, 운동과 음악을 가르치고, 그곳 주민들에게 헌신적인 사랑을 베풀다가 안타깝게도 젊은 나이에 일찍 세상을 떠났다.

일제 강점기에는 민족의 독립과 해방, 자유와 존엄성을 위해 수없이 많은 학생, 농민, 지식인들이 자신의 목숨을 바쳤다. 투옥과 고문, 추방 그리고 죽음마저 무릅쓰고 일제 식민주의자들과 싸우면서 숭고한 삶을 살다가 죽음을 맞이한 안중근, 윤봉길, 유관순 등 열사들도 이타적 삶을 산 사례들이다.

인간의 이타적인 마음씨와 행위는 위와 같은 극적이고 거창한 사건이나 사람들의 경우는 물론이고, 우리 주변의 일 상생활에서도 수없이 만나고 경험할 수 있다. 내가 겪은 몇 가지 일들을 말해 보겠다.

내가 초등학교에 입학하기 한 해 전 어느 날 오후로 기억 된다. 나는 20여 가구가 모여 있는 작은 시골 마을에서 살 았는데, 북쪽에 있는 야산 너머에 살던 나보다 한 살 어린 당숙이 우리 집에 놀러 왔다. 때마침 엿장수가 와서 우리 집 사랑채 마당에서 큰 가위를 딱딱 치면서 동네 아이들을 모으고 있었다. 나는 그간 모아 두었던 대꼬바리, 떨어진 고 무신, 녹슨 쇠붙이 등을 들고 어린 당숙과 함께 나가 큰 엿 한 토막과 바꾸었다. 물론 나는 엿을 혼자서만 먹고 싶었다. 하지만 그 마음을 꾹 참고 우리 집 손님인 당숙에게 자연스 럽게 모두 양보했다. 그때 내가 했던 이타적 행위에 스스로 자부심과 더불어 행복을 느꼈던 기억이 지금도 생생하다. 그 이타적 행위가 무엇을 의미하는지도 모르면서 거의 본능 적으로 한 행위였지만 말이다.

시골에서 초등학교를 다니던 4학년 여름방학 때로 기억 되는데, 그해는 유난히 가물고 무더웠다. 동네 앞을 흐르던

개천도 거의 말라붙어 바닥을 드러냈다. 어른들은 논에 물을 대려고 모래사장이 된 개천 몇 군데를 깊이 파서 웅덩이를 만들었다. 그 뒤로 장마가 와서 개천에도 다시 물이 흘렀고, 모랫바닥에 팠던 웅덩이는 수영을 할 수 있을 정도로 깊게 물이 고였다. 장마가 멈추고 어느 날 오후에 동네 개구쟁이들이 발가벗고 첨벙거리며 물놀이를 하고 있었다. 당시 나는 수영을 전혀 하지 못했지만 아이들과 어울려 물장난을 했다. 그런데 웅덩이 가의 모래가 무너지면서 그만 물에 빠졌고 한참을 허우적거리다가 마침내 의식을 잃었다. 그야말로 익사하기 직전이었다. 화들짝 놀란 아이들이 "사람 살려요"라고 소리를 질렀던 것 같다. 이때 마침 다리 위를 지나던 동네 할아버지가 그 광경을 보고 뛰어내려와 나를 웅덩이에서 건져내 논두렁 위에 뉘었다. 70년이 지난 지금 내가 이 책을 쓸 수 있는 것도 그 할아버지 덕분이다. 물에 빠진 사람을 구하려고 물에 뛰어들었다가 함께 익사하는 일도 비일비재하다는데, 그때를 생각하면 지금도 아찔할 뿐이다. 목숨을 건 그분의 이타심이 아니었다면 나는 오래전에 저승에 갔을 것이다. 그리고 그때 죽지 않고 팔순이 넘은 지금까지 살고 있다. 그 일이 있고 나서 몇 해 뒤 그 할아버지가 작고하시기 전까지 나는 내 생명의 은인인 그분을 자주 찾아뵙곤 했다.

10여 년 전 어느 법정에서 겪은 일도 소개하고 싶다. 내 나름의 판단에 따르면 어떤 힘없는 동료가 부당한 이유로 난처한 상황에 처했기에 그를 위해 자진해서 증인으로 출석해 그를 변호한 적이 있다. 나의 행동으로 다른 동료들과 거북한 관계에 놓이게 될 것을 잘 알면서도 말이다. 하지만 그 일을 떠올리면 내가 도덕적으로 옳은 일을 했다는 생각에 만족스럽다. 이런 사소한 일을 지금까지 내가 해온 이타주의적 행위로 자랑스럽게 기억하고 있는 것은 내가 얼마만큼 이기적인 인간으로 태어났는가를 반증하는 것이기도 하겠다.

몇 달 전 나는 야생 새들을 둘러싼 어느 동네 사람들에 관한 짤막한 그러나 아름다운 다큐멘터리 방송을 보면서 이타심이 인간의 우연한 속성이 아니라 감동적인 본성임을 확인하는 큰 기쁨을 경험했다. 서울 변두리 아파트 단지에서 일어난 일이었다. 고층 아파트 베란다에 비둘기만 한 크기의 새 한 쌍이 둥지를 틀고 알을 낳았다. 어미 새는 알을 깨고 나온 세 마리 새끼들이 홀로 살 수 있을 때까지 먹이를 물어다 주면서 키웠고, 집주인 부부는 그 과정을 애타면서도 기쁘게 지켜보았다.

어느 날 열심히 먹이를 잡아다 새끼들에게 먹이던 어미와 아비 새가 둥지로 오지 않고 아파트 근처 나무 위에 앉아 멀리서 둥지 쪽만 바라보고 있었다. 어느덧 새끼가 독립해서 살아갈 때가 된 것인데, 과연 그렇게 할 수 있는지 멀리서 확인하고자 했던 것이다. 그때 아직 날개가 충분히 자라지 않은 새끼들이 한 마리씩 노란 입을 벌리고 둥지 밖으로 나왔다. 첫 번째 새끼 새가 간신히 날아서 옆에 있는 나뭇가지에 앉았다. 첫 독립적 삶을 성공적으로 시도한 것이다. 뒤이어 두 번째 새끼 새도 똑같이 시도했으나 성공을 못하고 그만 풀숲에 떨어지고 말았는데, 다행히 죽지 않고 다시 날아올라 바로 옆 큰 나뭇가지 위에 앉았다. 마지막으로 세 번째 새끼 새가 형제들처럼 자기만의 삶을 연습하려고 둥지 끝에 아슬아슬하게 앉아 준비를 하고 있었다. 그러자 집주인 아주머니가 집에서 큰 담요를 갖고 나와 새끼 새들의 첫 비상을 지켜보던 이웃집 사람들과 함께 둥지 아래 땅

바닥에 깔았다. 세 번째 새끼 새가 비칠비칠 떨어졌으나 담요 덕분에 다치지 않았고, 잠시 담요 위에서 기운을 차린 뒤 다시 날아 높은 나뭇가지에 무사히 안착할 수 있었다.

이 광경을 구경하고 있던 아파트 단지 주민들이 다 같이 박수를 치며 기뻐했다. 혼자 날아올라 독립을 시도하는 새끼들의 모습을 멀리서 지켜보던 어미와 아비 새는 안도한 듯이 날개를 펼치며 어디론가 날아갔다. 둥지를 벗어나 세상으로 처음 나오는 새끼 새들의 모습과 그것을 자기 일처럼 기뻐하는 아파트 주민들을 보면서 나는 눈시울을 적셨다. 새끼 새 세 마리의 생명과 안전에 그토록 기뻐하는 인간의 이타적 마음에 깊은 감동과 함께 나 또한 행복감을 느꼈기 때문이다.

이러한 이타심과 윤리도덕적 인성의 원천과 의미를 어떻게 설명할 수 있을까? 그러한 생각을 더욱 깊게 만들어 준 일이 있다.

몇 해 전 늦겨울의 저녁이었다. 광화문 근처의 어둑한 길을 혼자 걷다가 작은 돌 턱을 헛디디어 심하게 넘어져서 잠시 동안 의식을 잃고 말았다. 다행히 곧바로 정신은 차렸으나 팔다리를 버둥거릴 뿐 혼자 일어날 수가 없었다. 사지가 박살 난 것 같았고, '이제 나는 끝났구나' 하는 무서운 생각이 순간 머릿속을 지나갔다. 그렇게 얼마간 차가운 바닥에 누워 있었는데 마침 그곳을 바삐 지나가던 한 젊은이가 "할아버지, 괜찮으세요?" 하며 다가왔다. 그는 내 몸을 힘겹게 일으켜 택시에 태워 주었고, 덕분에 나는 간신히 집에 돌아올 수 있었다. 그 젊은이의 행동은 사소하지만 자비롭고 자기희생적이며 윤리도덕적으로 아름다운 마음씨의 구체적인 표현이었다. 이름도 모르는 그 청년에게 고마운 마음이 지금도 가득하다.

원시 고대로부터 문명화된 오늘날에 이르기까지 인간 사회에는 줄곧 폭력, 사기, 살인, 도적, 횡령, 약탈 등 갖가지 범죄와 전쟁이 끊이지 않았고, 그로 인해 많은 인간이 마치 폭력배나 테러리스트처럼 악마적이고 이기적이며 비도덕적으로 보였을 것이다. 현재에도 많은 국가의 인간 사회는 보기에 따라 지옥 같고, 동물로서의 모든 인간은 이기적이며 공격적이고 사악한 심성이 잠재적으로 남아 있어 이유도 없이 남에게 나쁜 생각을 품고 그것을 행동으로 옮길 본능이 있는 것은 틀림없다.

하지만 그와 정반대로 인간에게는 자기희생적인 이타적 심성을 갖고 행위를 하는 본능이 있는 것도 부정할 수 없는 객관적 사실이다. 국제적으로도 그렇지만 한국에서만 보아도 사회 각 분야에서 공공기관이나 사적 집단 또는 개인들의 자선 사업은 물론이고 자원봉사 단체도 수없이 많고, 사회적 약자를 위한 지원, 봉사 활동, 노인 복지, 병자들을 위한 기부 운동 등이 뜨겁게 이어지고 있으며, 이상적 복지국가 및 평등 사회를 지향하는 많은 사람들이 적극적으로 동참하고 있다.

인간의 모든 행동의 동기는 어떤 근본적인 본능이나 본성에 비추어 설명할 수 있고, 인간의 행동과 성격을 윤리도덕적/반윤리도덕적, 옳고/그름, 선/악의 차원에서 양분하여 그것을 이기적/이타적 혹은 윤리도덕적/반윤리도덕적 본능에 비추어서 설명할 수 있다. 인간의 본질을 그러한 모순된 유형으로 구별할 수 있다는 것은 인간은 근본적으로 모순된 욕망을 갖고 있다는 증거이다. 결론적으로 인간은 복잡한 동물이며, 인간의 심성과 행동은 그만큼 복잡하게 얽혀 있어서 단일한 본성이나 본능에 의해서 획일적으로 설명할 수 없다. 모든 동물의 DNA는 진화론적 생물학자 도킨스가 주장하듯이 이기적이지만은 아닌 것 같다. 이기적인 동시에 이타적이기도 하다. 특히 인간의 경우가 그렇다.

근본적으로 인간에게는 처음부터 완전히 결정된 본성이 없으며, 우리가 말하는 본성이란 진화 과정에서 복잡한 변수에 의해서 복잡하게 다원적으로 형성된 것으로 봐야 한다. 본성이란 가변적인 것이다. 순자의 성악설이나 맹자의 성선설은 둘 다 정확하게 맞지 않다. 인간의 윤리도덕적 본능은 사람에 따라, 시대와 장소 그리고 다른 여러 가지 인간의 생물학적·문화적 변수에 따라 항상 그리고 한없이 가변적이다. 그것은 플라톤의 이데아처럼 영원히 고정된 불변한 존재가 아니라 항상 유동적이어서 한 사람이나 한 집단의 윤리도덕적 태도와 행위의 완전한 예측은 불가능하다. 모든 생물의 행동이 그것의 DNA에 입력되어 있다고 하지마는 DNA 자체의 미세한 차원에서 이미 진화가 진행되고 있어 엄밀한 의미에서 그 자체가 부단히 변하는 과정 속에 있기 때문이다. 이러한 사실은 인성뿐만 아니라 모든 동물과 현상에 다 같이 해당된다. 우주 안의 모든 존재는 플라톤이 생각했던 바와는 달리 영원불변하게 고정된 이데아로 존재하지 않는다. 모든 것은 역동적 변화 과정 그 자체이다.

역사를 통해서 볼 때 이타주의의 철학적 문제는 공시적으로나 통시적으로 인간들의 심성이나 행동이 선하기보다는 사악하고 잔인무도하며, 이타적이기보다는 이기적이라는 판단이 우세한 것이 자명한 현실이다. 홉스가 생각했던 대로 인간 사회는 이기적인 '만인들 간의 끊임없는 전쟁의 장'으로 볼 수 있다. 그렇다면 인간은 근본적으로 이기적인 동물이라는 추론이 불가피하다.

만약 위와 같은 인간 사회의 역사가 자명한 사실이라면, 인간의 본성이 이기적이고 본성은 어떤 방법으로도 인위적으로 바꿀 수 없다면, 인간에게 이타적이어야 한다고 아무리 소리를 지르고 도덕적으로 선한 사람이 되라고 또 윤리적으로 옳게 행동하라고 아무리 가르친들 전혀 의미가 없을 것이다. 그런 노력은 개나 고양이에게 공자님 말씀을 들려주거나 소를 앞에 두고 아인슈타인의 상대성 이론을 설명하려는 것 못지않게 어리석은 일이다. 모든 본성이 그러하듯이 만약 인간의 본성이 이기적이라는 것이 인간의 객관적 조건이라면, 인간은 이타적 동물로 바뀔 수 없을 것이다. 나아가 이상적 사회에 대한 인류의 열망 역시 헛된 꿈에 지나지 않을 것이다.

이타주의와 그 원천에 관한 다양한 학설

　　인간이라는 종은 호모사피엔스로 진화하면서부터 자신의 생존과 번영을 위해서 개별적이 아니라 상호 협조 체제로서 사회 협동체 구성의 유용성을 인식하고 사회 구성원들의 조직을 발전시키면서 집단적으로 살아왔을 것이다. 모든 생명체는 개체적이며 일차적으로 자기중심적이다. 또한 다른 개체와 경쟁적이어서 배타적이고 공격적이며 반사회적이다. 그러나 그와 동시에 늑대나 개미나 꿀벌 같은 생명체는 인간과 마찬가지로 무리를 짓고 집단적으로 생존하는 사회를 형성하고 그 틀에서 살아간다. 그럼에도 인간의 사회적 존재 양식과 동물들의 사회적 존재 양식은 근본적으로 차이가 있다. 이성이 없는 동물들의 사회성은 완전히 본능의 표출에 지나지 않아 물질적 현상과 같이 거의 기계적이지만, 인간의 사회성은 의식과 의도의 표현이다. 오직 인간만이 이성이라는 놀라운 '사유' 능력을 갖고 자신의 본능을 의식적이고 계획적으로 억제하는 동물로 진화했기 때문이다. 이런 점에서 오로지 인간만이 사회적 동물이다.

집단적으로 존재하기 위해서는 물리적 즉 자연적인 법칙과 별도로 인위적인 제도와 규범을 만들어 이기적이고 배타적인 본능을 억제하고 규제하는 장치가 필요하다. 윤리와 도덕이란 다름 아닌 이러한 인간의 행동을 인위적으로 규제하고, 인간의 원초적 즉 충동적 욕망을 관념적으로 억압하는 문화적 품성과 행동 장치에 불과하다. 이런 점에서 윤리와 도덕은 근원적으로 제2의 자연이며 본질에 속한다. 오직 인간만은 자연인 동시에 반자연적 즉 존재론적으로 모순된, 다시 말해 내재적으로 갈등하고 충돌하는 유일한 문화적 동물 즉 윤리도덕적 차원에 갇혀 사는 동물이다.

인간은 한편으로는 편리하고 성숙한 삶을 위해 사회의 한 문화적 구성원으로서 윤리와 도덕의 제도에 억압되어야 하고, 다른 한편으로는 자연적 생명체로서 윤리와 도덕이라는 제도적·문화적 멍에를 떨쳐 버리고 독립된 한 생명체로 이기적으로 자유분방하게 살고자 한다. 마치 니체의 초인처럼 말이다. 거듭 말하지만, 도킨스의 주장처럼 동물로서의 인간의 DNA는 근본적으로 이기적으로 진화했다. 인간의 사회적 관계는 선천적으로 이기적인 것이다. 이처럼 모든 동물의 행동과 태도는 이기주의적 관점에서 설명된다.

그러나 인간은 윤리도덕적 관점 즉 이타적 관점에서 타인을 위해 자신을 희생해야 하고, 다른 한편으로는 이기적 관점에서 충동적이고 비윤리도덕적으로 즉 반이타적으로 살고 싶어 한다. 이기주의 즉 자기중심주의가 타자의 이익을 고려하는 본능 즉 이타주의에 앞서 더 강하게 존재한다. 이기주의적 DNA의 본질적 속성인 이상, 모든 사회가 이타주의를 전제하고 모든 경우 이타주의를 찬양하더라도 동물의 이타적 태도와 행위는 자기모순적 즉 논리적으로 불가능하다. 그럼에도 어떤 경우 인간만이 아니라 모든 동물은 때로는 타자를 위해 자기를 희생하는 극단적 이타주의자의 모습을 드러낸다. 어떤 측면에서 보면 이타주의도 이기주의의 한 전략일 수 있겠지만 말이다. 어쨌든 모든 동물 특히 인간은 윤리도덕적 차원에서 볼 때 근본적으로 모순된 존재로 진화했다. 인간이 동물과 다른 점은 이러한 자기모순을 의식하고, 그 때문에 동물과는 다른 삶의 윤리적·도덕적 고통을 경험하는 동물이라는 데 있다.

'왜' 나는 이타주의자가 되어야 하는가?

　고대로부터 현대에 이르기까지 인간들은 타인에 대한 윤리도덕적 심성에 관해서 서로 상반되는 성선설과 성악설을 두고 줄곧 논쟁을 벌여 왔다. 그러나 인간의 윤리도덕적 심성은 일괄적으로 양분 택일을 할 수 없다. 사람마다 그리고 경우마다 다르다. 언제나 본성적으로 선하거나 악한 사람이 있을 수 있지만, 대부분의 사람들은 때로는 선하고 때로는 악하다. 선/악이라는 윤리도덕적 심성과 행동은 모든 인간에게 다 같이 일률적으로 적용되지 않는다. 선/악의 심성은 영원불변하게 고정된 인간의 보편적인 본성은 아닌 것 같다. 그것은 한 인간의 생물학적·문화적·사회적·자연적·시대적·성장적·유전적 조건들에 따라 크게 가변적이다.

　다윈의 진화론과 최근 유전학의 발달에 비추어 인성의

결정론이 힘을 받고 있지만, 그것이 절대적인 것은 아니다. 심리학에서 논의되고 있는 인성에 관한 "본성이냐" "양육이냐" 간의 뜨거운 논쟁은 문제를 지나치게 획일적으로 단순하게 접근해서 생기는 문제가 아닌가 싶다. 인간의 구체적인 행동은 획일적인 원인이나 이유에 의해서가 아니라 다수의 복잡한 변수에 의해서만 설명될 수 있다.

위와 같은 사실을 인정하더라도 "왜 인간은 자신을 희생하면서까지 남을 돕는 이타적 행동을 할 수 있는가?"라는 물음에 대한 대답으로 볼 수 없다. 이타주의에 관한 철학적 문제의 핵심은 "이타주의가 인간의 보편적 속성인가 아닌가?" 혹은 "어떻게 하면 모든 사람을 이타적으로 교육해서 좀 더 착한 사람으로 만들고 한결 따뜻한 사회를 만드느냐"의 사회적·문화적 차원에서의 구체적이고 사실적인 문제들의 이해와 해결이 아니다. 그것은 다른 동물들과 별로 다르지 않게 근원적으로 그리고 생물학적으로 이기적인 동물인 인간이 왜 때로는 자신의 목숨을 건 이타적 자기모순적 행위를 할 수 있느냐를 설명하는 논리적 갈등을 푸는 데 있다. 여기에 대해서 다음과 같은 몇 가지 서로 다른 대답들을 가정할 수 있다.

첫째, 생존 전략이다. 모든 생물의 삶은 그것이 놓여 있는 다양한 차원에서 그 환경과의 투쟁이다. 홉스가 전제했던 것처럼, 모든 동물체의 삶은 이기적 투쟁일 수밖에 없으되 이성을 갖게 된 호모사피엔스는 장구한 진화 과정에서 종으로서의 즉 사회적 존속과 번영이 전략적으로 효율적임을 깨우쳤다. 현대적 진화론과 유전학이 보여주었듯이 인간이라는 종은 개인보다는 사회 집단으로, 이기적인 동시에 이타적인 본성을 갖춘 동물로 진화했다. 언뜻 모순되어 보이는 인간의 이기적 본성과 이타적 본성의 공존은 위와 같은 인류 진화의 역사에 의해서 설명될 듯싶다.

하지만 위와 같은 설명은 만족스럽지 못하다. 이러한 설명은 이타주의는 일종의 가장된 이기주의의 전략에 불과하다는 결론을 내리고 성선설을 부정한다. 그러나 성선설을 입증하는 사례를 부정할 수 없는 경우가 얼마든지 있다. 앞서 예를 들었던 테레사 수녀, 간디, 만델라, 킹 목사, 안중근, 유관순 등 그리고 자식에 대한 모든 어머니들의 자기희생적 사랑 또한 거의 예외 없이 이타적인 것임을 부정할 수 없다.

둘째, 이타주의는 비공식적인 일종의 보험이다. 언젠가 자신이 어려운 처지에 놓여 다른 사람의 도움이 갑자기 필요해질 일은 생기지 않으리라고 장담할 수 있는 사람은 아무도 없을 것이다. 그러한 경우를 고려한다면, 상호상조의 합리적 원칙에 입각해서 나도 지금 어려운 문제에 봉착한 남을 도와야 한다.

이런 설명은 합리적이지만 두 가지 이유에서 맞지 않다. 우선 계산된 이타주의는 전략으로서의 '가짜' 이타주의이지 진정한 의미에서의 도덕적 이타주의가 아니다. 그것은 일종의 계산된 이기주의의 다른 표현이다. 우리가 여기서 설명하고자 하는 이타주의는 바로 앞서 예를 들어 언급한 대로, 조금이라도 이기적인 계산이 산출한 위선적 이타주의가 아니라 진정한 이타주의이다.

플라톤은 『국가politeia』에서 '기게스의 반지The Ring of Gyges'라는 우화를 통해서 속임수가 어떤 경우에도 윤리도덕적으로 용납될 수 없음을 보여주었다. 이타적 행위가 궁극적으로는 이기적 목적을 달성하기 위한 수단으로 이용되었다면, 그 이타주의적 행위는 진정한 이타주의가 아니라는 것이다. '기게스의 반지' 이야기를 잠시 살펴보자.

리디아의 왕을 섬기던 순진한 양치기 기게스가 양떼를 몰고 가던 어느 날 지진으로 갈라진 땅 틈으로 떨어진다. 땅속에서 반지를 끼고 있는 죽은 거인의 시체를 발견한 기게스는 그 반지를 빼들고 밖으로 나온다. 이후 성 안으로 들어가 사람들을 만나서 이야기하다가 끼고 있던 반지를 우연히 돌리자 사람들이 자신을 보지 못한다는 놀라운 사실을 알게 된다. 자신의 물리적 존재를 남들이 알아보지 못하는 기적과 같은 마술이 일어난 것이다. 이제 투명인간이 될 수 있는 기게스는 반지의 힘을 이용하기 시작한다. 왕궁에 몰래 들어가 왕비를 간통하고, 왕을 죽인 뒤 왕국을 가로챈다. 그 뒤 그는 권력을 누리며 평생을 호의호식한다. 그런데도 백성들은 기게스를 아주 선하고 이타적인 왕으로 여겼고, 윤리도덕적인 자비로운 왕으로 존경한다.

이 우화를 통해서 플라톤은 진실과 허상, 윤리도덕성과 비윤리도덕성, 참과 거짓, 위선과 진실, 겉과 속 등의 구별이 쉽지 않음을 보여주려 했던 것이다. (그러나 실제로 그러한 구별을 어떻게 하느냐의 문제가 플라톤에게 남는다.)

셋째, 이타주의는 인간으로서 지켜야 할 당연한 규범이나 도리라는 대답이 나올 수 있다. 그러나 그러한 규범을 지키는 것이 '나' 개인이나 우리 집단의 이익에 반대된다면 그것을 어떻게 정당화할 수 있는가? 그것의 윤리도덕적 가치가 충분한 이유가 된다고 주장할 수도 있다. 하지만 선/악이라는 윤리도덕적 가치는 물론이고 모든 가치가 경험이나 과학적 실험 또는 이성에 의해서 증명될 수 있는가?

그렇지 않다. 가치는 어떤 객관적인 대상이나 사건 혹은 존재가 아니라 그러한 것들에 대한 인간의 감성적·주관적 반응에 불과하고 똑같은 것이 다양한 사람들에게 서로 다른 반응을 일으킨 것에 불과한 것이라면, 우리는 그것 즉 윤리도덕적이라고 부르는 가치를 따를 아무 이유가 없고 따를 수도 없다. 가치는 객관적 대상이 아니기 때문에 발견이나 존중의 대상이 될 수 없기 때문이다. 가치란 우주의 어떤 현상에 대해 인간이 개인적 또는 집단적으로 선택한 주관적 그리고 작위적으로 결단한 태도나 의미 부과 행위에 불과하다.

넷째, 이타주의는 그 자체로 내재적 가치를 갖는다. 이타

적 심성은 그 자체로 그저 아름답고, 이타적 행위는 그 자체로 그저 빛나며, 그만큼 그저 기쁘고 자랑스러운 것이다. 이타적 행위는 어려움에 처한 남을 도와 좀 더 행복하게 만드는 행위이며, 남이 나 때문에 행복해진다면 나도 그만큼 행복해진다.

이타주의란 남을 위한 자기희생을 뜻하지만 그것에는 보상의 개념이 들어갈 자리가 없다. 예기치 않은 보상이 생긴다 하더라도 보상이나 대가를 조금이라도 염두에 두었을 때의 이타적 행위는 참다운 이타적 행위 즉 윤리도덕적 행위가 아니다. 무상적인 선의만이 도덕적으로 착한 것이며, 무상적인 행위만이 윤리적으로 옳은 것이다. 인간이라면 누구나 조금은 도덕적으로 착하고, 윤리적으로 옳은 판단을 할 수 있는 지성을 선천적으로 가지고 태어난다.

다섯째, 반드시 확신할 수는 없지만, 우리 마음이 저절로 그렇게 이타적이 되어서, 이유나 의미도 전혀 의식하지 않은 채로 어려운 처지에 있는 남을 도와주는 기쁨을 경험하기 때문이라고 대답할 수 있다. 하지만 인간의 마음을 그렇게 움직이는 더 근본적인 이유는 무엇일까? 여기서 우리는 지금까지 어느 윤리학에서도 취급하지 않았음은 물론이요 체계적으로 분명히 언급조차 하지 않은 윤리와 도덕이라는 두 개념들 간에 존재하는 미묘한 그러나 중요한 차이를 살펴볼 필요가 있다.

그 차이는 다른 동물들에서는 전혀 찾아볼 수 없고 오로지 인간의 형이상학적 구조에 비추어서만 설명될 수 있다. 인간은 원천적으로 형이상학적 존재이다. 이러한 사실은 언제 어디서나 거의 구별 없이 동의어로 사용되는 윤리와 도덕이라는 두 개념 속에 들어 있는 의미 차이의 분석으로 설명된다.

윤리와 도덕 /

　윤리가 한 인간이 다른 인간들과 관계를 맺는 데 사회적으로 주어진 역할에 맞는 규범에 따라 행동함을 요구한다면, 도덕은 사회가 요구하는 행동 규범에 무조건 그리고 맹목적으로 순종하는 것이 아니라 실존적 즉 자유롭고 성숙한 인간으로서 자신의 내면적 신념에 따라 주체적 인간으로서 즉 참다운 인간답게 개인의 소신대로 삶을 능동적이고 창조적으로 살아가기를 요구한다. 이는 인간이 사회에서 다른 인간과의 상호 관계뿐만이 아니라 우주 전체와의 관계에서 의미 있는 삶을 살고 더 귀하고 더 정신적인 영적·초월적 가치를 지향함으로써 우주라는 존재와 하나가 됨을 지향하는 존재임을 보여준다.

　이런 지점 그리고 이런 차원에서만 인생의 의미가 지상

에서의 생물학적·지적·이성적·철학적·윤리적 의미와 실존
적·정신적·영적·종교적 한계를 훌쩍 넘어 진정한 의미와
진리에 접할 수 있지 않을까? 인간은 무한한 정신적이며 궁
극적인 의미를 추구하는 동물로서 자신이 생물학적이 아니
라 정신적 즉 도덕적 존재임을 끝없이 확고히 하고자 한다.

지금까지 일반인들의 일상적 담론에서는 물론 철학을
비롯한 모든 인문사회학적 담론에서도 '윤리ethics'와 '도덕
morality'이라는 두 개념은 거의 동의어로 사용되어 왔다. 철
학의 일부로서의 윤리도덕에 관한 담론은 모두 윤리학 혹
은 도덕철학이라는 두 가지 용어로 구분 없이 부른다.

어원적으로 윤리와 도덕은 다 같이 사회적 관습이나 습
관을 뜻하는 고대 그리스어 에토스ethos와 라틴어 모랄리스
moralis에서 유래한다. 그러나 두 낱말 사이에는 미묘한 용법
의 차이가 있어서 서로 바꾸어 사용할 수 없는 경우가 있
다. 윤리라는 낱말이 한 사회를 지배하는 행동 규범 즉 외
부적 행동 양식의 중요성을 강조하는 데 반해서 도덕은 실
존적인 개인이 갖고 있는 인간의 내면적 심성·의미·목적
즉 물질적 차원의 우주 너머 인간의 존재와 인생을 비롯한

모든 것의 궁극적 의미meaning·가치value·신령성spirituality을 지향한다. 다시 말해 '윤리'가 사회 제도적 규범을 강조한 말이라면, '도덕'은 그것에 내포된 정신을 강조한다.

16세기 조선의 대표적 유학자인 이퇴계와 이율곡은, 형이 상학적 두 실체로서의 이理와 기氣라는 우주의 본질적 속성 들 간의 우선성을 둘러싼 맹렬한 논쟁을 벌였다. 이때 두 속 성은 각각 우주의 보편적-추상적 구조와 우주의 구체적- 물질적 속성을 강조하는 개념으로 이해된다.

'윤리'라는 개념과 '도덕'이라는 개념 간의 관계는 '이'라 는 개념과 '기'라는 개념과의 관계와 유사하다고 볼 수 있 다. 윤리가 윤리도덕의 심성과 행위의 형식적 즉 추상적 차 원을 강조하는 데 반해서, 도덕은 그것의 내면적 역동성과 의지를 강조한다. 이런 점에서 한국이 한국전쟁의 폐허를 딛고 세계 최빈국에서 반세기가 지나 선진국 대열에 진입한 이유를 한국 윤리의 경직된 형식적 특수성이 아니라 강한 정신적 기질 즉 강한 생명력으로서의 도덕성에서 찾을 수 있다.

우리가 우주의 모든 존재와 현상을 세밀하게 한 치도 빠짐없이 낱낱이 과학적으로나 철학적으로 완전히 설명하고 이해한다고 하더라도 그러한 우주와 우주 현상의 "의미와 가치는 무엇인가"라는 물음은 언제나 남는다. 그리고 그런 결과로 인간은 형이상학적 허무주의에서 빠져나오지 못한다. 인간이 인간으로서 살기 위해서는 필연적으로 죽는 날까지 윤리도덕적 세계를 떠날 수 없다. 따라서 윤리도덕적 가치가 가장 귀중한 것이고, 그것의 궁극적 의미는 인생의 가치 발견이자 체험에 있다.

가치는 대상이나 대상의 인식이 아니라 인간 주체와 대상과의 만남에서 생기는 체험이다. 그러한 인간의 궁극적 목적이 바로 앞에서 본 대로 윤리와 도덕이라는 두 개념 사이에 존재하는 미묘한 차이를 이해하여 한 인간의 인생의 의미, 자연 그리고 우주 전체의 궁극적 의미와 가치를 발견함으로써 마침내 인류와 자연 그리고 우주에 관한 허무주의에서 해방되어 우리는 처음으로 행복해진다. 인생과 우주의 의미 즉 가치 체험은 윤리도덕적 관점에서 비로소 찾을 수 있고 평가될 수 있다.

이타주의는 하나의 개체로서 인간이 자신의 좁은 세계를

사회와 자연과 우주로 확장하여 단 하나인 우주와 화해하고 개체로서의 삶의 허망함과 우주적 허무주의를 극복하여 개체로서의 의미와 우주 전체로서의 의미 즉 가치를 발견하고 경험하려는 궁극적 영역이며 방법이다.

사르트르의 철학에서 적인 동시에
구세주로서의 타자

사르트르Jean-Paul Sartre의 이원론적 존재론 『존재와 무 L'être et le néant』에 의하면, 우주는 '있음' 즉 '유재有在, être'로서 의 존재와 '없음' 즉 '부재不在, néant'로서의 존재로 양분되고, 그것은 물질적 존재와 정신적 존재로 서술된다. 그리고 그것 들의 구체적인 사례로 각각 인간 이외의 동물을 포함한 모 든 것들과 인간이라는 종에 속하는 모든 인간을 들 수 있다.

인간이라는 생물학적 종과 그 이외의 생물학적 종을 구 별하는 형이상학적 속성은 전자가 주체적 의식인 데 반해 후자는 주체적 의식을 갖고 있지 않다는 데 있다. 이때 주체 적 의식이란 자기반성적 의식을 말한다. 왜냐하면 인간 이외 의 동물은 자신이 어떤 대상을 의식하고 있다는 사실 자체를 인식하지 못하고 오로지 인간의 경우만 어떤 대상을 의식(인식)한다는 것 자체를 인식할 수 있기 때문이다. 인간의 반성적 의식과 동물의 비반성적 의식 간의 차이는 주체적 의식과 반사적 의식의 차이이다. 사르트르에 의하면 엄격히 말해서 모든 의식은 곧 자의식 즉 반성적 의식이며, 따라서 무의식을 전제하는 프로이트의 정신분석학은 잘못된 학설이다.

인간을 규정하는 근본적 속성이 주체적 의식이며 주체적 의식의 대상이 객관적 즉 세계를 구성하는 일부로서의 어떤 대상이라면, 그 자체는 의식이 아닌 다른 어떤 속성을 갖는 존재에 의한 인식 대상이 될 수 없다. 인간은 그것이 어떤 인식 대상이 되는 바로 그 순간, 이미 의식 즉 인식의 주체가 아니라 객체 즉 인식의 대상이 될 수 있는 세계라는 객관적 존재로 변신하기 때문이다. 달리 말해서 주체로서의 의식은 의식 대상일 수 있는 우주 밖으로 던져져서 '없음'으로서만의 '있음'이 되기 때문이다.

사르트르의 말대로 모든 것 즉 우주를 '존재'와 '무'로 양분하고, '무'를 주체적 의식이라 부르고 그것과 인식 대상인 우주 삼라만상을 '있음' 즉 '유'라고 한다면, 사르트르가 말하는 '인간'이라는 개념은 일반적으로 우리가 알고 있는 '인간'이라는 개념과는 사뭇 다르다. 전자의 경우 인간이라는 개념 속에는 육체가 삭제된, 따라서 지각할 수 없는 존재로서의 의식을 지칭한다. 바로 이런 이유에서 사르트르에게 의식은 공백void·무·없음néant으로서만 있다. 인간의 본질이 의식이며, 의식의 존재 방식이 무·공백이라면 인간의 가장 근본적인 속성은 결핍manque이고, 그 부족함은 그것을 무엇인가로 채우려는 불안을 낳고, 그러한 욕망은 무로서 즉 의식으로서의 인간이 유로서의 물질적 대상으로 전환했을 때만 채워질 수 있다.

사르트르는 의식으로서의 존재 즉 인간과 그 밖의 동물을 포함한 동물 및 인간의 모든 의식 대상 전체를 각각 '대자對自, l'être-pour-soi와 '즉자卽自, l'être-en-soi'라고 부른다. 존재론적으로 비어 있는 즉 스스로 만족할 수 없는 불행한 존재로서의 대자인 인간의 궁극적 꿈은 동물이나 그냥 물질이 되어 대자로서의 정신적 불안과 공허함으로부터 해방되는 것이다. 그렇다고 인간이 동물이나 바위처럼 의식 없는 존재가 되는 것만으로는 인간의 궁극적 욕망을 채울 수 없다. 왜냐하면 인간 즉 대자가 즉자가 되기를 욕망하는 것은 즉자로서의 즉 인식 주체가 아니라 인식 대상으로서의 충만감을 경험하는 것인데, 만약 나의 의식 주체가 의식 대상으로 전락한다면 그것은 내가 궁극적으로 욕망하는 것이 부족함 없는 존재로서 경험의 가능성을 포기할 조건에서만 가능하다는 역설적 결과가 나오기 때문이다.

이러한 사실은 대자로서의 인간의 궁극적 욕망은 원천적으로 모순이며 역설적임을 알려 준다. 모든 인간의 삶에 궁극적 기획과 노력이 완전한 존재 즉 즉자인 동시에 대자가 되는 데 있지만, 그러한 존재 양식은 논리적으로 불가능한 만큼, 행복을 위한 인간의 노력은 운명적으로 허사라는 것이다.

지금까지 살펴본 사르트르의 존재론은 의식적 주체로서의 인간 즉 대자와 그와 대치되는 즉자 즉 물리 현상으로서의 존재들과의 관계에 있어서 인간의 모순된 태도에 관한 것이었다. 그러나 물리 현상적 사물 현상 즉 즉자들만이 아니라 다른 인간들 즉 의식적 주체로서의 대자들과의 물리적 인과관계와 언어적 소통 없는 인간의 사회생활은 생각조차 할 수 없다.

"지옥이란 곧 타자이다"라고 사르트르는 말한다. 윤리도덕적인 관점에서 볼 때 타자는 나의 지옥인 동시에 나의 구세주라는 것이다. 의식 주체로서 어떤 타자가 또 하나의 의식 주체인 나를 자신의 의식 대상으로 끌어들이는 순간 나의 주체성은 박탈되고 그의 의식, 그의 인식 대상으로만 존재하게 된다. 그의 시선은 나의 주체성을 박탈하고 나를 한낱 그의 객관적 인식 대상으로 바꿔 놓고, 반대로 내가 그를 인식 대상으로 삼는 한, 나에게 그는 내 의식의 객관적 대상 즉 나의 인간성의 지옥, 다시 말해서 나의 주체성의 자유를 부정하는 감옥이라는 것이다. 그러기에 우리가 누구나 감옥에 갇히지 않으려고 애쓰는 것과 마찬가지로 아무리 친하더라도 남이란 언제든지 나의 적으로 돌변하여 나의 주체성의 죽음을 의미할 수도 있다는 것이다.

역으로 따져 봐도 사정은 마찬가지다. 남의 존재가 나 자신의 지옥일 수 있다면 역으로 동일한 논리에서 나의 존재가 남에게 지옥일 수도 있다. 이런 점에서 인식 주체로서의 한 주체와 다른 주체의 관계는 갈등적이고 적대적이지만 그와 동시에 통합적이고 보완적이다. 남자와 여자는 생물학적으로 대칭관계에 있고 서로가 완벽한 사랑으로 상대방의 사랑을 완전히 소유하려 하지만, 사랑의 소유는 상대방의 주체적 독립성의 포기를 함축하고 상대방에의 복종을 의미한다. 다른 한편으로는 사랑하는 행위에 깔린 의도가 상대방이 그러한 사랑에 성공해서 환희 즉 엑스터시를 경험하는 성공한 인간이라는 것을 인식하는 주체로 남아 있기를 바라는 기획이라는 점에서 그러한 사랑의 기획은 원천적으로 성공할 수 없다는 것이다. 그러한 사랑의 기획에서 상대방의 성공은 곧 서로가 각자 자신들의 사랑이 완전하지 못했을 때에만 가능하기 때문이다. 그래서 사르트르는 모든 인간의 궁극적 기획 즉 모든 인간의 삶은 '실패'일 수밖에 없는 것처럼 모든 사랑의 기획도 실패일 수밖에 없다는 비관적 결론을 내린다.

이 책을 시작하면서 말했듯이 동물로서의 인간의 원초적인 심성은 한편으로는 이기적이지만 그와 동시에 다른 한편으로는 이타적으로 진화했음을 전제했다. 이기주의가 모든

심성과 행동을 자기중심적인 입장에서 결정하는 태도라면, 이타주의는 자기가 아닌 타인 중심적으로 생각하고 행동함을 뜻한다. 이기주의의 진화는 이해하기 쉽다. 한 사람의 타자에 대한 심성은 그가 자신의 입장에서 본 해로움과 이익에 비추어 상대방의 가치를 판단하는 것에 의해서 결정된다. 그러나 이타주의는 이해하기 힘들다. 이타주의는 타자의 행복이라는 입장에서 그에게 유익한 것을 위해서 자신의 행복을 잠시 접어 두거나 혹은 죽음의 대가를 치르면서까지 자기희생적으로 살아가는 태도이다. 위와 같은 방식으로 규정할 수 있는 이타주의가 윤리도덕성의 본질이라면, 윤리도덕적 심성과 행동의 근원적 원인 혹은 이유를 설명하기 쉽지 않다.

바로 앞서 본 사르트르의 즉자와 대자, 삼라만상과 인간, 물질과 의식의 존재론적 구별, 한편으로는 즉자와 대자 즉 물질적 존재와 비물질적 존재 간의 관계와 다른 한편으로는 대자와 대자 즉 한 인간과 다른 인간 간의 관계에 대한 철학적 분석과 주장은 한 인간과 다른 인간 즉 한 대자와 또 다른 대자가 맺는 이기적 혹은 이타적 관계를 이해하는 데

큰 도움이 된다. 사르트르의 철학적 인간학에서 말하는 대자 즉 반성적 의식으로서의 인간들 간의 관계는 갈등인 동시에 조화이며 상호부정적인 동시에 상호보완적이라는 주장은 논리적으로 성립할 수 없지만, 실제로 두 가지 속성이 공존하는 것은 경험적으로 자명하다.

모든 사람의 인성이 언제나 똑같아 단선적으로 이기적이거나 이타적이지 않다는 것이며, 한 사람의 경우를 생각해 보더라도 경우에 따라 이기적이기도 하다가 이타적으로 시시각각 변할 수 있다. 인성이나 윤리도덕적 가치관도 마찬가지다. 인간은 존재론적으로 다른 인간과 경쟁적이고 배타적이며 이기적이지만, 그와 동시에 그는 다른 사람들과 공동의 목표를 위해서 협동적이다. 우리 주위에는 다양한 봉사활동과 기부 등을 통해서 자기희생적이고 이타적 행위에 적극적으로 참여하고 그러한 이타적 활동에서 보람과 의미를 발견하는 이들이 많다.

만약 진화론자들의 주장대로 인간의 유전자가 이기적으로 진화한 결과라면, 그와 동시에 인간의 이타주의도 유전자에 의해서 우리가 태어나기 이전에 이미 결정된 것으로 봐야 할 것이다. 이기적인 심성과 이타적 심성이 그것 자체만을 볼 때는 모순적이더라도 한 인간이라는 생명체의 관점에서 볼 때는 전혀 모순이 아니다. 이러한 현상은 가령 한 사람의 식성이 어떤 때는 한식보다 양식을 좋아하다가 또 어떤 때는 중국 음식을 한식보다 더 선호하는 사실이 모순이 아닌 이치와 마찬가지이며, 한 음식이 영양학적으로 아무리 좋더라도 한 사람의 건강 전체를 고려할 때 여러 음식을 골고루 먹는 것이 건강과 장수를 위해서 더 유익한 것과 마찬가지다.

자연의 원리, 인간의 생물학적 원리, 사회적 동물로서의 인간의 생물학적 번영을 위해서 인간의 유전자는 상황에 따라서 이기적인 동시에 이타적인 동물로 진화해 왔던 것으로 설명할 수 있다. 만약 타자에 대한 심성이 오로지 이기적이거나 아니면 오로지 이타적으로만 진화했더라면 오늘과 같은 문명사회는 물론이고 생물학적 종으로도 남아 있지 못했을 것이다. 한 사람의 인성이 상황에 따라 이타적이거나 이기적이기도 하다는 사실은 그 사람의 생각이 모순임을 입증하는 것이 아니라 그의 심성 즉 태도가 달라질 수 있음을 말해 줄 뿐이다. 그의 심성이 영원히 고정된 것이 아니라 본질적으로 자신의 태도를 자유롭게 선택할 수 있는 자유를 주체적으로 행사할 수 있는 한에서 그는 비로소 윤리도덕적 동물 즉 인간으로 존재한다는 것이다.

만약 선천적으로나 문화적으로 모든 사회의 모든 구성원들이 한결같이 이타적인 심성을 갖고 있다면 그 사회는 윤리도덕적으로 완전한 사회가 될 것이며, 그러한 사회에서는 악의 문제나 윤리도덕적 문제는 제기되지 않을 것이며 제기될 수도 없을 것이다. 그러나 모든 사회적 문제의 바탕에는 인간 심성에 대한 선/악 판단과 그에 상응한 칭찬과 비난, 보상과 처벌의 필요와 그에 대한 구체적 대책과 방법이 필요해진다. 이는 모든 구성원들이 함께 편안하고 자유로우며 따뜻한 삶을 살기 위해서이다. 이러한 사실은 더욱 가치 있고 행복한 삶을 살기 위해서 한 사회 구성원들의 행위를 규제하고 윤리도덕적 관점에서 상호간의 평가를 필요로 한다. 이러한 필요성은 현실적으로 지금까지의 모든 사회에서 언제나 평화로운 공동체의 질서 즉 선한 심성을 유지해 주는 사회적 질서, 더 근본적으로는 윤리도덕적 질서에 역행하는 사악한 심성과 행동으로 계속 판을 깨는 사람들이 완전히 사라지지 않았기 때문이다.

우리는 어떻게 살아야 할 것인가?

산천초목은 그냥 존재하고, 인간 이외의 거의 모든 생명체는 주변 환경과 반드시 어떤 관계를 맺고 있다. 전자는 기계적인 인과적 법칙으로 설명되지만, 자의식과 언어를 사용하게 된 인간과 그의 환경과의 관계는 전혀 다른 구도에서 이해되어야 한다. 그것은 인과적 법칙이 아니라 목적론적 관점에서 가치 평가적이어야 한다. 인간 이외의 모든 동식물의 운동과 변화는 기계적 인과 법칙의 관점에서 객관적으로 설명될 수 있지만 인간과 그의 주변 환경과의 관계는 가치 평가적이다. 가치 평가는 언제나 평가자의 목적에 비추어서만 설명될 수 있을 뿐 다른 도리가 없기에 필연적으로 주관적이다.

인간과 그 밖의 모든 것들과의 관계가 목적론적이며 가치 평가적이고, 인간 이외 모든 것들 간의 상호관계는 탈가치 평가적 즉 기계론적 인과 법칙적이다. 데카르트가 생각했던 대로 인간은 물질로 환원될 수 없는 생각하는 존재인 한 인과 법칙에서 자유로운 유일한 존재로서 그는 부단한 가치 선택에 의해서 자신의 모든 행동을 결정해야 한다. 선택을 가능케 하는 자유가 고통의 원천이 되는 것은 선택이 그 결과에 대한 책임을 요구하기 때문이다. 이런 점에서 인간의 자유로운 존재 양식은 사르트르의 표현대로 그의 자부심의 근거가 될 수 있지만 동시에 저주스러운 속성이기도 하다. 어쨌든 인간의 삶은 자유로운 선택의 연속이며, 선택은 항상 어렵고 그만큼 고통스럽다. 선택 가능성은 무한히 열려 있지만 그 많은 가능성 가운데 선택할 수 있는 것은 오로지 단 하나뿐이고, 그 이외의 모든 것은 포기해야 하기 때문이다. 인간의 삶에 있어서 모든 문제는 선택의 문제이며, 선택은 곧 가치 선택이며, 가치 선택은 발견의 대상이 아니라 절대로 되돌릴 수 없는 도박이다.

우리는 "나는 어떻게 살 것인가?" 혹은 "내게 가장 중요한 문제는 무엇인가?" 혹은 "내게 정말 궁극적으로 귀중한 것은 무엇인가?" 등의 물음에 대한 대답을 항상 준비하고 있어야 한다. 그것은 각자 인간에게 가장 중요하고 총괄적인 실존적 문제이기 때문이다. 그렇지 못하다면 인간은 삶의 방향을 잃게 되어 아무런 의미도 가치도 건질 수 없다. "어떻게 살아야 할 것인가?"라는 물음에 아무 대답도 못하는 삶은 방황, 혼란, 허망, 불행 그 자체가 될 것이다.

"어떻게 살아야 할 것인가?"라는 물음은 "삶의 궁극적 목적을 어떤 가치 성취에 둘 것인가?"라는 물음과 동일하다. 사람에 따라 여러 가지 상이한 대답이 나올 것이다. 예컨대 "위대한 지적 업적을 남기는 것이다" "어려운 사람들을 위해서 희생적으로 봉사하는 것이다" "빌 게이츠 같은 재벌이 되는 것이다" "위대한 시인이 되는 것이다" "대통령이 되는 것이다" "평범하지만 안락하고 행복한 가정을 꾸미는 것이다" 등등. 왜냐하면 가치는 인간이 접근하고 소유할 수 있는 객관적으로 존재하는 대상 즉 세계의 객관적 일부가 아니라 객관적으로 존재하는 것들에 대한 인간의 주관적 기호와 목적의 반영에 지나지 않기 때문이다. 객관적으로 존재하는 것은 가치라는 사물 현상이 아니라 사물 현상에 대해서 인간이 갖는 주관적 심성, 정서적 반응, 느낌일 뿐이다. 가치는 사물 현상의 객관적 속성이 아니라 그러한 것들에 대한 인간의 마음씨의 감성적 반응에 지나지 않는다.

가치 평가의 객관적인 기준이 있을 수 없고, 아무도 v1이라는 가치와 v2라는 가치의 객관적 우열 판단이나 그 판단에 관한 보편성을 주장할 수 없다. 인간은 의식을 갖고 살아 있는 동안 단 한순간도 가치 평가라는 도박적 선택 행위를 피할 수 없다. 왜냐하면 인간으로서의 삶은 곧 선택의 연속이며, 모든 선택은 일종의 도박으로서, 궁극적으로 보편적인 도박의 기준이 없기 때문이다. "어떤 삶을 살 것인가?"라는 물음은 선택이라는 가치 도박에 있어서 "어떤 가치에 모든 것을 걸 것인가?"라는 물음과 동일하다. 가치는 도박으로 거는 '돈의 액수'이다.

인생은 곧 가치 도박이다. 싫건 좋건 인생은 곧 '자유'이며, 자유인으로서의 인간은 필연적으로 목숨을 건 인생이라는 가치의 도박꾼이다. 한 사람의 인생과 가치는 한없이 복잡하게 얽힌 다양한 외적 원인도 있겠지만 궁극적으로는 그 자신의 자유로운 그러나 외로운 도박 행위와 같은 결단에 의해서 결정된다. 궁극적 선택은 곧 세계관과 인생관의 선택에 지나지 않는다. 지금까지 존재해 왔던 많은 종교나 철학적 이념들이 수많은 이들이 공감해 왔던 전형적인 세계관이자 가치관의 다양한 사례들이다.

그렇다면 "어떤 가치를 위해 살 것인가?"라는 질문이 갖는 문제는 수많은 가치들이 서로 상충하고 그중 어떤 것 하나도 완전하고 보편적인 공감대를 얻지 못한다는 데 있다. 다양한 사람들에 의해 다양하게 선택된 궁극적 가치관들은 우리 모두에게 이성이나 실증적으로 설득력이 있는 것이 아니라 궁극적으로는 각자 우리들 자신이 자유로운 실존적 도박에 의해서 매순간 다시금 선택되어야 하는 대상들이라는 데 있으며, 그 결과에 대해서 각자 자기 자신만이 책임을 져야 한다는 데 있다.

고대 그리스의 철학자 디오게네스Diogenes는 권력과 부유한 삶을 냉소하고, 자신의 철학적 인생관과 가치관에 따라 소박하지만 마음 편한 삶의 가치를 선택해서 모든 물욕을 버렸다. 그러고는 화려한 항구 도시 코린트의 한 거리에 버려진 큰 통 속에서 똥개처럼 살았다. 이 괴짜 철학자의 명성을 듣고 찾아와 어떤 소원이든 들어주겠다고 제안을 한 알렉산더 대왕에게 그는 "내 앞의 햇빛을 막지 말고 어서 사라지라"고 했다. 이러한 디오게네스의 행동 자체가 이미 그 자신의 가치 선택 행위에 지나지 않았다. 그는 언제나 다른 가치를 선택하고 그 가치 실현을 위해서 언제든지 다른 방식의 삶을 선택할 수 있는 자유를 갖고 있었다.

이처럼 "어떻게 살아야 할 것인가?"라는 물음은 결국 가치 선택에 관한 물음이다. 세계와 인생에 관한 가치관을 종교적, 철학적, 과학적 혹은 경건한, 논리적인, 실증적인 것들로 분류하고, 저속한 혹은 거룩한 것들로 나누어 볼 수 있다. 또한 멋있는 혹은 따분한, 금욕적인 혹은 자유분방한, 이타적 혹은 이기적 등 서로 양립할 수 없는 두 가지 가치 가운데 하나를 선택할 수 있다. 그것이 아쉬우면 상황에 따라 절충된 가치를 선택하고 인생을 살 수도 있다. 모든 종류의 가치 선택이 모든 인간에게는 언제나 열려 있다.

유대교-기독교-이슬람교는 영성계靈性界에 존재하는 전지·전선·전능한 절대적 유일신의 가르침을 따르면 죽음이나 고통이 없는 천당에서 영생을 얻을 것이라고 주장한다.

힌두교에 뿌리를 둔 자이나교는 절대적 금욕주의로 청빈을 덕으로 삼고 절대적으로 경건한 삶을 살아야 하며, 불교는 모든 세속적 욕심을 버리고 우주의 모든 것이 궁극적으로는 무의미하게 회전하는 헛되고 헛된 것임을 깨닫는 것이 가장 중요한 삶의 목적이어야 한다고 설파한다. 한편 이러한 가치관과는 달리 플라톤은 모든 사물 현상의 영원불변한 객관적 진리의 '발견'이 모든 행동과 가치의 근본적 바탕이 되어야 한다고 주장하는가 하면, 노자와 장자는 물이 지형을 따라 흘러가듯이 자연에 순응하며 살라 하고, 공자와 맹자는 삼강오륜이라는 윤리도덕적 도리道理가 지니는 가치를 실현하는 삶을 인간이 실천하고 경험할 수 있는 최고의 가치로 삼아야 한다고 설교한다.

그런가 하면 고대 인도의 자이나교나 불교와 정면으로 대립하는 세속적인 유물론인 순세파順世派, Carvaka/Lokayata는 종교적 신앙을 가진 자, 자이나교도, 불교신자, 플라톤의 관념적 존재와 가치관은 모두 정신 나간 헛소리이며, 확실한 것은 물질적인 것뿐이고, 중요한 것은 잘 먹고 마시며 관능적 향락을 즐기는 것뿐이라는 가치관을 제시하기도 한다.

다른 한편 기원전 4세기 고대 그리스-로마나 고대 중국에서는 금욕주의, 향락주의, 염세주의, 냉소주의, 도덕주의 등 다양한 인생 철학들이 경쟁했다. 고대 그리스의 향락적 항구 도시 코린트의 냉소주의자 디오게네스나 19세기 중반 독일의 상업 도시 프랑크푸르트의 허무주의자 쇼펜하우어Arthur Schopenhauer는 인간이 채우려는 욕망이나 허영, 인간이 추구하는 모든 가치가 환상이고 무의미한 거품이라며 형이상학적 허무주의를 주장하고, 궁극적으로는 무의미한 의지에 불과한 삶의 아픔을 예술적 몽상 속에서 위안 받고 그것에서 도피처를 찾아야 한다고 주장했다.

19세기 말 독일에서 '권력의 의지'라는 적극적인 힘의 소용돌이로 삼라만상을 바라본 니체Friedrich Wilhelm Nietzsche는 기존의 양분된 선/악이라는 윤리도덕적 경계에 구애되지 말고 그 경계선을 부수고 '초인超人'으로 성숙하여 절대적 자유를 누리며 창조적인 삶을 긍정적으로 살아야 한다고 외쳤다. 니체에 따르면 우주 전체는 근원적으로 물질과 정신의 구별 없이, 도덕적·지적·미학적·과학적 경계 없이 뜨겁게 불타는 에너지가 영원히 회귀하면서 소용돌이 속에서

뒤끓는, 그러나 궁극적으로는 무의미한 도가니 속의 아우성에 지나지 않는다. 인간이 성취했거나 현재도 문명과 문화의 발달이라는 이름으로 성취하고 있는 모든 것들도 그러한 뜨겁고 혼란스러운 광기의 표현에 불과하다는 것이다. 그것은 그 자체로서 좋거나 나쁘거나, 가치가 있거나 없거나 하지 않고, 궁극적으로는 그 자체로서 무의미한 우주적 '권력의지' 즉 일종의 우주적 에너지-기氣가 요동치는 현상의 일부에 지나지 않는다는 것이다.

한편 제2차 세계대전 이전 프랑스의 행동주의적 소설가이자 예술철학가인 앙드레 말로André Malraux는 "모든 인간은 운명적으로 자신의 한계인 죽음에 항거하는 '안티-운명anti-destiny'적 동물이며, 궁극적으로는 그 한계를 넘어 신이 되고자 꿈꾸는 동물"로 규정하고 절대적 존재를 지향하는 행동주의적 뜨거운 삶에서 궁극적 의미를 경험하고자 했다.

제2차 세계대전을 겪은 프랑스의 두 실존주의자인 철학자 사르트르와 소설가 카뮈Albert Camus는 인간을 비롯한 모든 존재가 근원적인 자유를 구가하면서도 그와 동시에 궁극적 무의미성과, 모든 존재와 현상과 행동의 궁극적 부조리l'absurde 즉 비합리성을 드러냄으로써 세계대전 후 20세기 후반의 젊은 세대와 사상계 전체에 대중적으로 지대한 영향을 끼쳤다. 그들은 인간의 근원적 자유와 창조적 의지의 실천을 통해서 완전한 삶을 살고자 악을 쓰면서도 모든 인간의 꿈은 궁극적으로는 실패하기 마련이며 허사가 될 수밖에 없다는 쇼펜하우어나 니체의 우주적 허무주의 세계관을 다시 유행시켰다.

그렇다면 우리는 어떻게 살아야 하는가? 궁극적으로 우리는 무엇을 찾고 있으며, 무엇을 원하는가? 무엇을 궁극적인 가치로 삼고 살아야 하는가? 답답할 뿐이다. 어떤 가치가 나의, 우리의, 인류의, 모든 생명체의 마음을 뿌듯하게 채워 줄 수 있는가? 이 물음에 대해서 누구에게나 절대적으로 옳고 보편적 공감을 불러일으킬 수 있는 단 하나의 결정적인 대답은 존재하지 않는다.

우리들의 물음에 대해 위에서 본 다양한 대답들은 인류가 수십만 년 동안 살아오면서 만들어 낸 수십만 가지 대답들 가운데서 편의상 극도의 소수로 추려낸 대표적 삶의 방식과 가치관에 관한 범주들의 사례들에 불과하다.

그러나 삶은 곧 끊임없이 다양한 선택의 연속이다. 아무도 죽는 날까지 선택을 피할 수 없다. 선택의 연속이 곧 인간의 삶이다. 또한 선택은 필연적으로 가치 선택이며, 가치 선택은 언제나 모든 가치들을 버리고 남은 단 한 가지, 단 하나의 가치일 수밖에 없다. 인간에게 선택이 일종의 진통으로 느껴지는 것은 이와 같은 상황이 곧 인간의 조건이기 때문이다.

인간은 알렉산더 대왕이 뒤엉킨 고르디우스의 매듭 Gordian knot을 대담하게 칼로 끊음으로써 자신이 처했던 난제를 단숨에 해결한 것과 같이 자신의 가치를 자기 자신이 선택해야 한다. 인간의 삶은 곧 자기 자신의 자유의 시험이자 시련이다. 자유로운 의지로 또 대담하고 단호한 실존적 결단으로 자신 앞에 놓인 고르디우스의 매듭을 풀어야 한다. 그것이 자유이며 인간적 삶이다. 각 순간마다 자신의 자유롭고 단호한 결단으로 고르디우스의 매듭을 칼로 힘껏 내려쳐서 인생을 풀어라.

인간다운 삶의 가장 근원적인 잣대로서의
윤리도덕적 가치 /

"우리는 어떻게 살아야 할 것인가?"라는 물음은 인간이라는 종으로서의 물음이다. 이 물음에 대한 논리적인 대답은 모든 동물 가운데 인간만이 유일하게 선천적으로 가지고 태어난 '자기초월'이라는 가치 즉 다른 어떤 동물들에게서도 찾아볼 수 없는 윤리도덕성이라는 가치를 가지고 있으며, 인간이라면 누구나 선천적으로 지니고 있는 측은지심에 뿌리를 둔 이타주의 즉 자기희생적으로 어려운 처지에 있는 다른 사람은 물론 다른 동물들의 아픔을 덜어 주고 기쁘게 해주려는 잠재적 능력과, 언뜻 보기에 자기모순적인 행동을 실천해야 한다는 것이다. 이런 실천을 가능케 하는 것은 '개 같은 놈'이 되지 않으려는 자기초월적 본능이다.

인간은 윤리적인 동물로서 다른 인간들과의 상조상보相助相補를 위한 장치로 사회적 의미를 갖는 윤리적 규범을 만들고 그것을 지키고자 노력한다. 한 걸음 더 나아가서, 사회 공동체의 일원인 인간은 인간 사회와 자연계의 유한한 개체로서의 삶을 초월하여 도덕적 정신력moral force을 통해 자연적·속세적 차원을 극복하고 광대한 우주 공동체의 일원으로서 영원히 함께하는 존재임을 확인하고자 부단히 지향하고 애쓰는 우주적 존재이다. 이런 점에서 인간은 단 하나의 존재/실체로서의 브라마Brahma를 믿지만 동시에 무한수의 다양한 아바타avatar들의 영원불변한 모습이기도 하다. 모든 인간은 그 자신이 개체적 삶으로 끝나지 않고 특별한 아바타로서 영원하다는 것을 믿고자 하는 존재이다.

그러나 완전한 도덕적 인간 즉 이타주의자로 산다는 것은 천당에 들어가는 것 이상으로 어렵고, 한 인간의 진정한 삶과 그 의미는 그것의 고독한 생물학적 존재나 사회 공동체의 다른 인간 구성원들과의 사회적 혹은 윤리적 관계를 초월해서 한 단계 더 높은 우주적 맥락 즉 도덕적 차원에서만 가능하다는 것을 뜻한다.

그래서 세상은 근본적으로 불공평하고 우리는 모두가 다 조금씩은 윤리적 위선자이다. 대부분의 사람들은 윤리적인 좁은 틀에 갇혀서 살고, 도덕적 문맹이거나, 잘해야 위선자이거나 가짜이다. 진정한 의미에서 이상적인 인간으로서 인간답게 사는 인간은 성인聖人들을 빼놓고는 별로 없다.

이러한 사실들이 오늘날의 인간이 처해 있는 윤리적인 동시에 도덕적인 삶의 현실이다. 그럼에도 우리가 계속 살아야만 한다면 우리가 할 수 있는 차선의 선택은 자기 자신의 진정한 삶, 따라서 마음의 자유를 잃지 않으면서도 모든 사회 구성원, 나아가 우주 공동체 구성원에 대한 연민을 느끼며, 보다 더 이타적인 인간으로 살아가는 길이다. 그 길은 각자가 외로운 실존적 존재라는 좁은 세계를 넘어, 그 세계가 좀 더 확장된 인간 사회 공동체 속에서 자신의 생존 공간을 마련하고, 최종적으로는 인간 공동체라는 틀에서 벗어나 우주라는 최대의 삶의 공간, 다시 말해 삶과 죽음의 경계가 사라진 무진무궁無盡無窮한 세계 속에서 자신의 삶과 죽음의 궁극적 의미 즉 일종의 종교적 의미를 추구할 때 발견할 수 있는 것이 아닐까 생각된다.

2부

삶의 의미에 대한 단상

이타적 동물로서의 인간

우리는 모두가 조금은 위선자이다. 철저한 윤리적 삶을 살기란 쉽지 않다. 우리 모두는 자기 자신 속에 이기적으로 갇혀 있기 때문이다. 그렇지만 우리 모두는 남들한테 선하고 인간 공동체 속에서 올곧게 공존하는 윤리적인 이타적 인간으로 살고자 한다. 또한 좁은 생물학적 자신으로부터 해방되어 인간 사회 공동체 속에서 다른 인간들과 이타적으로 서로 교류하고 소통하고 협조하며 보다 큰 세계에서 살고 싶어 한다.

그러나 인간 사회는 협조와 소통보다는 배반과 불신으로 가득 차 있다. 인간이란 이타적이기에 앞서 이기적이며, 인간들 간의 원초적 관계는 갈등이기 때문이다. 그럼에도 인간은 자신이 태어난 공동체를 넘어 광활한 자연계 속에서

다른 모든 생명체들과 생태계적 연대를 구성하여 자연의 일원으로서 우주 속에서 그들과 하나가 되어 영원히 살고자 한다.

하지만 실제로 인간은 어떠한가? 인간은 오랫동안 자연 위에 군림하고 자연을 착취하면서 진화해 왔다. 인간은 자신의 이런 특권을 쉽게 포기하려 하지 않는다. 인간은 아직도 완전히 윤리적 즉 이타적이지 않다. 설사 윤리적이라고 하더라도 우리가 앞에서 규정한 바대로의 도덕적인 사람은 많지 않거나 거의 없다. 인간의 실존적 '삶의 세계Lebenswelt' 는 인간 공동체 즉 지구에서 끝나기 때문이다.

인간은 지구 반대편은 물론이고 상상할 수 없이 광대한 우주의 심연과 그것의 형이상학적·종교적 의미를 보지 못한 채 장님이나 벙어리처럼 살아갈 뿐이다. 인간의 삶은 윤리적일 수 있지만 도덕적 경지에 이르는 경우는 드물다. 윤리적 삶이 생물학적인 차원을 넘어 사회적 존재로서의 인간적 가치를 추구하는 것이라면, 도덕적 삶은 인간 사회 및 자연적 지구를 포함한 모든 것들 즉 무한한 공간적 존재로서의 우주와 영원한 시간적 존재로서의 영겁 즉 '문자 그대로의 모든 것들'의 가치를 추구하는 것이다. 즉 총체적 맥락에서 파악되는 티끌같이 작은 '나'라는 고독한 실존의 우주적·철학적 그리고 종교적 '의미-가치'의 영역이다. 이런 관점에서 볼 때, '도덕'의 영역은 '윤리' 영역의 확대이자 귀착점이기도 하다. 그 영역은 '생각하는 갈대'로서 인간이 자신의 궁극적 존재의 의미를 찾기 위해 추구하지 않을 수 없는 사유의 종착점이다.

타인과의 연대와 우주와의 연대 /

　단 하나의 동물로서나 혹은 니체가 말하는 초인으로서
나 인간에게는 유토피아가 존재하지 않는다. 그럼에도 인간
은 이 지구상에서 육체적 삶으로 끝나는 데는 만족할 수 없
다. 인간은 자신에게 주어진 세계와 그 속에서 삶을 초월하
며 자연 및 우주 전체와 하나가 되고, 영원한 세계에서 우주
의 일부로서 자신의 존재를 확인하고 그것의 초월적 의미를
찾으려 부단히 애쓴다.

　그러나 절대 다수의 인간의 삶은 운명적으로 실패할 수
밖에 없다. 대부분의 인간은 진짜 자기의 삶을 주관적으로
사는 것이 아니라 사는 흉내를 낼 뿐이다. 진짜 인간다운
삶, 인간 사회의 틀에서 윤리적인 삶을 사는 동시에 우주의
차원에서 도덕적인 삶을 살아가는 사람 즉 '의미' 있는 삶을

사는 이는 많지 않다. 이런 점에서 인간의 삶은 궁극적으로
실패한 삶이다.

사회의 불공평성과 우주의 부조리

세상은 언제나 그리고 어디서나 근본적으로 불공평하고 삭막하며 황량하고 험하다. 따라서 윤리도덕의 완전한 이상주의적 가치 구현은 원천적으로 불가능하다. 윤리적으로 흠 없이 존경스럽고 도덕적으로 한 점 티끌도 없이 숭고한 단 하나의 인간은 아직까지 존재하지 않았고 앞으로도 그럴 수밖에 없을 것이다. 세상과 인간은 원래 그렇게 생겨났고 인간은 누구나 윤리적으로 조금은 위선적이며 가짜다. 인간은 도덕적으로 자신에게 철저하게 충실하고자 하지만 근원적으로 속물이며, 속물로 태어난 그 운명의 한계선을 넘어설 수 없기 때문이다.

세계는 원천적으로 불공평하다. 아무리 좋게 생각해도 말이 되지 않는다. 인간 세계가 그렇고 자연 세계가 그렇다.

따지고 따져 보면 실존주의 작가 카뮈의 말대로 "부조리하다", "말이 되지 않는다", "이성으로는 설명되지 않는다." 다시 말해 논리적으로 볼 때 윤리도덕적으로 아무 의미도 갖지 못한다는 뜻이다.

부조리한 것은 동물계나 인간 사회는 물론이고 세상만사가 그렇고, 세상을 창조한 전지·전선·전능하시다는 조물주 하느님의 존재에도 해당된다. 궁극적으로 무의미하고 공허하다는 것이다.

강자와 약자, 지배자와 피지배자, 먹는 놈과 먹히는 놈, 잡는 놈과 잡히는 놈이 있다. 때리는 자와 맞는 자, 지주와 소작인, 미남과 추남, 천재와 둔재, 남자와 여자, 영주와 노비, 부자와 빈자, 존경 받는 자와 무시당하는 자, 젊은이와 늙은이, 착한 이와 악한 이가 있다. 백만장자와 노숙자, 복을 받고 태어난 자와 저주를 받고 태어난 자가 있다. 모든 생명체의 존엄성을 철석같이 믿고 검소한 삶을 주장하는 인도의 가장 금욕주의적 종교인 자이나교의 한 신도는 전 세계에서 가장 부유한 사업가로 어쩌면 세계에서 가장 호화롭게 산다. 인간은 자기 외의 모든 동물을 지배하고 그것들을 하찮은 물건 이하로 함부로 대한다.

만인이 만인의 적인 사회

　오늘날의 기술 문명은 무서운 속도의 발전을 멈추지 않고 있다. IT 기술의 발달로 지구상의 모든 정보를 시간과 장소의 한계를 뛰어넘어 동시다발적으로 자신의 컴퓨터나 스마트폰으로 접할 수 있다. 최근에는 '신의 입자'라 불리는 힉스Higgs 입자가 마침내 스위스에 건설한 가속기에서 발견되었고, 화성 탐사 로봇 큐리오시티curiosity가 우주의 한 천체에 착륙하여 생명 존재의 가능성을 탐사하고 그 결과를 지구에 보내고 있다. 또 얼마 전부터는 전대미문의 크기와 속도를 갖춘 호화 여객기 A380을 타고 당일에 지구를 일주하고 집으로 돌아올 수도 있게 되었다. 기술적으로나 물질적으로 반세기 전만해도 상상조차 할 수 없었던 일들이 현실로 구현되는 발전을 이미 성취하고 있는 것이다.

이처럼 기술 문명은 눈부신 발전을 이루어 왔으나 인성적·윤리도덕적 차원에서 보면 한심스럽다. 선진 강대국을 비롯한 대부분의 국가들은 상호간의 불신을 없애지 못하고, 새로운 무기 도입과 개발을 위해 천문학적 예산을 앞다투어 퍼붓는다. 다행히 아직은 세계적 차원의 전면적 세계대전은 발발하지 않았지만, 여러 지역에서 국가들 간에 또는 한 국가 내의 서로 다른 파벌들 간에 무력적이고 파괴적인 분쟁이 끊이지 않고 있으며, 많은 국가에서는 사회 계층 간의 이념적 갈등과 증오 그리고 폭력이 일상화되어 있다. 거짓말, 사기, 고발, 폭력, 강간, 살인 등 비단 폭력배 집단만이 아니라 학교까지 물들어 있고, 정치계는 말할 것도 없고 경제계·언론계·연예계·노동계 그리고 심지어는 학계와 종교계에까지 모든 계층에 만연해 있다.

겉으로는 번듯하지만 속으로는 썩거나 병들었다. 말로는 착하고 따듯하지만 실제로는 거칠고 냉담하다. 외모나 물질적으로는 첨단적이지만 내면을 들여다보면 야만적이다. 말로는 선하고 이타적이지만 실제 행동은 이기적이다. 구호로는 정의로운 사회를 외치는 사회 지도자들이 많지만 구체적인 그들의 삶과 행동은 저마다 개인적 이익을 추구하고 있다. 겉으로는 윤리도덕적인 척하지만 실제 행동은 그와 정반대이다. 오늘날 인간 사회는 아직도 문명이라는 탈을 쓴 비윤리도덕적인 야만 사회이며, 명실공히 인간다운 사회로 가는 길은 멀기만 하다.

내 삶의 의미는 무엇인가?

　인간의 삶이란 언제나 구체적인 장소에서, 구체적인 시간에, 구체적인 무엇인가를 느끼고, 생각하고, 움직이는 것으로 채워진다. 잠자고, 화장실 가고, 아침을 먹고, 직장에 가고, 직장에서는 윗사람의 눈치를 보거나 동료들과 좋은 관계를 유지하기 위해 긴장하고, 생계 걱정, 이발할 일이나 친구에게 편지를 써야 하는 일 등등 무수한 일상적인 행위를 되풀이한다. 인생이란 따지고 보면 모두가 다 시시한 것들로 바삐 지내다가 갈 곳도 없고 할 일도 없이 늙고 병들어 누웠다가 모든 것을 뒤로하고 저승으로 떠나는 사건이다.

　그러나 유신론자나 무신론자, 기독교 신자나 불교 신자, 왕이나 신하, 영주나 노예, 부자나 빈자, 승자나 패자, 명사나 무명인, 시인이나 과학자, 정치가나 사업가, 철학자나 문맹자 모두가 남도 모르고 자신도 모르게, 의식적이든 무의식적이든 스스로에게 자주 물을 것이다. 예컨대, "나는 지금까지 어떻게 살아왔는가?", "앞으로 어떻게 살 것인가?", "내 삶의 의미는 무엇인가?", "어떤 공부를 전공할 것인가?", "엔지니어가 되어 인간 삶에 편리한 기계를 만들 것인가?", "자연을 지키는 환경운동가로 살 것인가?", "학자가 되어 교육에 전념할 것인가?", "정치가가 되어 권력을 잡아 사회를 변화시킬 것인가?", "의사가 되어 가난한 병자들을 돌볼 것인가?", "증권 투자로 일확천금을 노리며 살 것인가", "화가나 시인이 되어 누구나 찬미하는 예술작품 창조에 일생을 바칠 것인가?", "대중을 열광시키는 연예인을 꿈꿀 것인가?", "수도사나 승려가 되어 금욕적인 삶을 살 것인가?", "짧지만 강렬하게 인생을 보내는 난봉꾼이 될 것인가?", "도덕군자처럼 살 것인가?", "내 마음대로 자유분방하게 살 것인가?" 등등. 하지만 이러한 물음들에 대해서 모든 이들이 공감할 수 있는 만족스러운 대답은 존재하지 않는다.

한편, 파르메니데스Parmenides, 공자, 플라톤, 칸트, 비트겐슈타인Ludwig Wittgenstein과 같은 철학자들과 다른 한편으로

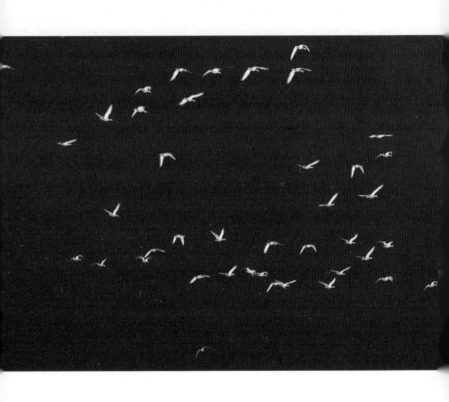

는 헤라클레이토스Herakleitos, 노자, 디오게네스, 아리스토텔레스, 니체, 데리다Jacques Derrida와 같은 철학자들 가운데 어느 편의 철학자들을 선호하는가? 힌두교, 불교, 도교로 대표되는 동양의 세계관과 플라톤, 데카르트, 칸트, 헤겔, 자연과학으로 대표되는 서양의 세계관 가운데 어느 쪽을 선택할 것인가? 이런 질문 또한 누구에게 그리고 언제나 확고한 것은 아니다.

그럼에도 우리는 이러한 물음에 대한 대답을 시도해야만 한다. 삶은 끊임없는 행동의 결정이며, 그런 결정은 이론적 문제가 아니라 궁극적으로 온몸과 마음으로 선택해야 하는 실존적 결단의 문제이기 때문이다. 인간의 삶의 의미는 발견의 대상으로서 이미 객관적으로 존재하는 것이 아니라 각자 자신의 실존적 결단에 의해서만 매번 새롭게 창조되는 것이며, 그 결과에 대한 책임은 그것의 좋고 나쁨을 떠나서 필연적으로 자기 자신에게만 있을 뿐이기 때문이다.

이런 점에서 오로지 나만이 내 인생의 의미의 원천이며 책임자이다. 내가 선택한 세계관과 가치관이 잘못된 것이라면, 딴에는 내가 아무리 뜨겁고 신나는 삶을 살았다고 느낀다

하더라도 나의 삶은 무의미한 것으로 판단될 것이다. 나는 지금까지 나침반도 없이 고장 난 인생의 배를 타고 망망대해의 파도에 쓸려 목적지를 잃은 채 끝없이 표류하고 있는 건지도 모른다. 이런 차원에서 볼 때, 모든 인간은 고독하다.

그 내용이 구체적으로 무엇인지 몰라도 인생의 궁극적 목적이 '삶과 존재의 의미'라고 규정한다면, 도대체 이때의 '의미'라는 낱말은 구체적으로 무엇을 지칭하는가? 언어적 의미 외에 다른 의미의 '의미'가 있는가?

'가치'로서의 인생의 '의미'

어떤 낱말이나 문장, 가령 한국말 '개', '사랑' 등의 명사들이나 "개가 짖는다", "나는 문을 닫는다" 등 각각의 명제가 갖는 언어적 의미는 언어 사용에 관한 암묵적인 약속에 따라 '개'라는 동물학적 종, '한 인간이 다른 인간에 갖거나 행하는 긍정적인 감정이나 행위'를 지칭하고, '개' 혹은 '나'라는 언어적 주체가 행하는 특정한 행동을 서술한다. 이때 위 낱말이나 문장들은 원칙적으로는 동일한 의미를 갖는 다른 한국어나 외국어로 대치될 수 있다. 즉 언어적 '의미'는 주어진 언어 체계 안에서 약속에 따라 사회적으로 정해진 소통 양식에 지나지 않으며, 말이나 글의 언어적 의미는 바로 그 문장의 동의어라고 할 수 있다.

그러나 '교육의 의미', '인생의 의미', '한국전쟁의 의미', '올

림픽 경기에서 한국 선수들이 거둔 우수한 성적의 의미'라고 말할 때의 '의미'는 바로 앞에서 예로 든 언어적 의미를 말할 때와는 전혀 다르다. 이때 '의미'라는 말은 동의어가 아니라 '가치' 혹은 '의의significance'를 뜻한다. 이때 '의미'는 객관화된 언어적인 것이 아니라 행위 주체로서의 인간이 '좋음/싫음'의 관점에서 느끼는 체험적 심성, 주관적 중요성 즉 가치 체험을 지칭한다. 돈의 가치, 지식의 가치, 인생의 가치 등등의 말을 할 수 있는 것은 돈, 지식, 인생에 관해서 개인마다 다른 방식으로 생각하여 누구에게는 더 중요하기도 하고 누구에게는 덜 중요하기도 하며 또 다른 누군가에게는 전혀 관심사가 아닐 수도 있기 때문이다.

그렇다면 가치 즉 '의미'는 누군가의 인생이나 세계 혹은 우주 가운데 어느 것인가의 객관적 일부가 아니라 한 인간이 그와 같은 것들에 대해서 갖는 주관적 느낌, 즉 호의적/비호의적 또는 긍정적/부정적 태도를 지칭한다. 위와 같은 뜻으로서의 '의미'는 어디에서인가 발견될 수 있는 객관적 존재가 아니라 각자 인간의 삶에 대한 주관적 태도, 세계관, 가치관에 따라 달라지는 피부와 육체로 느끼는 감성적 느낌, 행복/불행, 감성적 충만감/결핍감, 넘침/부족함 등의 관점에서 본 체험을 뜻한다. 이 맥락에서 우리는 물질적 세계에서 지적 세계로, 이성의 영역에서 감상의 영역으로, 과학적 인식에서 철학적 인식의 세계로 이동한다. 그리고 마침내 철학적 지혜의 차원에서 예술적 혜안의 세계로 발을 들여놓으면서 모든 것들 간의 유기적 연대와 소통 그리고 조화와 화해의 길로 나아가 공존공생을 지향하며 끝없이 진화한다.

인간의 역사는 고독한 객체인 인간이 가족, 부족, 민족, 인류, 생태계 그리고 우주로 자신이 속한 공동체의 외연을 확장해 온 역사에 지나지 않으며, 이러한 공동체와 연대의 확장은 곧 개인이 자기 삶의 '의미'를 창조적으로 체험해 가는 과정이었다. 그리고 그것은 동시에 인류가 윤리도덕적 주체로 진화하면서 성숙해 온 과정이기도 하다. 곧 한 개인의 삶의 '의미'가 개인 자신에서, 사회 공동체에서, 자연 생태계에서 그리고 마침내는 모든 것의 총체로서의 우주 전체라는 궁극적 타자와의 연대라는 단 하나의 융합 속에서 우주적 존재인 자신의 윤리도덕적 '의미'를 추구하는 과정이기도 하다. 우주와의 연대를 통해 개체로서의 찰나적 나는 증발되고 영원하고 무한한 우주와의 융합 속에서 나의 삶도 불멸의 윤리도덕적 존재가 된다.

그러나 과연 인생의 의미 즉 가치/의의에 대한 이러한 생각이 맞는 주장인가? 나는 인간이 본질적으로 타고난 고귀한 윤리적 속성인 타인에 대한 이타주의라는 심성으로 타자와 연대하고, 그러한 이타주의적 감수성은 도덕적 충동인 우주적·종교적·초월적 충동을 유발하여 인간을 물리적·사회적 차원을 뛰어넘어 형이상학적 차원에서 우주적 가치를 지닌 존재로 만들어 주는 한편, 우주의 역사는 인간의 그러한 진화 과정으로 볼 수 있다고 말한 바 있다. 그러므로 인간의 궁극적 의미와 가치는 바로 그러한 우주의 윤리도덕적 실천 즉 우주와의 범연대적인 이타심의 실천 말고는 아무데서도 찾을 수 없다고 주장했다. 내가 팔십이 넘도록 평생 동안 추구한 것은 인생의 실존적 '의미'와 삼라만상이 존재하는 궁극적 '의미'의 발견이었다. 그렇지 않고서는 세상만사의 궁극적 의미도 없고 설명할 수도 없으며, 우리는 궁극적 허무주의에 빠질 수밖에 없다고 믿었기 때문이다.

왜 우리는 남을 도와야 하는가?

　내가 앞서 설명한 인생관, 윤리도덕관, 세계관, 우주관을 생각하게 된 것은 모든 인간, 동물, 생명 그리고 크고 작은 모든 희비극적 사건과 현상들은 단 하나도 빠짐없이 나름대로의 가치와 윤리도덕적 의미가 있어야만 "말이 된다make sense" 즉 실존주의 작가 카뮈의 표현을 빌리자면 "부조리하지 않아야만 한다"라는 신조가 있었기 때문이다.

　철학자로서 나의 궁극적 프로젝트는 우주의 모든 현상들 즉 철학적 존재론, 인식론, 가치론 등의 모든 영역에서 제기하는 무수한 문제들을 지적으로나 미학적으로나 단 하나의 총체적이고 일관된 유기적 방식으로 파악하는 것이었다. 그리고 그것이 가능하다면 이성적으로나 정서적으로나 누구든 어느 정도 납득할 수 있을 것이라고 은근히 믿고 있었다.

하지만 객관적 삶의 현실은 전혀 다르다. 최근 나이가 들면서 이러한 신념들에 보이지 않는 금이 생겨나기 시작했고, 나 자신의 사유와 지혜에 자신이 없어지는 것을 감지하게 되었다. 내 생각이 정말 옳은가? 착각일 수 있지 않은가? 내가 무엇인가를 잘못 짚고 있는 것은 아닌가? 하는 반성이 들었다. 세계상이 흐려지고, 세계 모든 것이 헷갈리고, 선/악, 진/위, 미/추, 모든 것의 의미/무의미, 기쁨/슬픔, 삶/죽음 등 간의 경계들이 불확실하게 느껴지기 시작했다.

그렇다면 영원한 회의주의자인 동시에 '현자'였던 몽테뉴 Montaigne를 따라서 "내가 무엇을 정말 알았다고 말할 수 있는가?"라고 말해야 하는가? 그렇지 않다. 삶은 곧 선택이며, 선택은 자유로운 결단이다. 그리고 그러한 결단은 곧 어떤 방법으로도 도피할 수 없는 책임을 동반한다.

삶은 끝없는 행동이며, 행동은 반드시 특정한 조건들에 관한 인식 즉 믿음을 전제한다. "나는 무엇을 알고 있는가?"라는 몽테뉴의 말을 "나는 아무것도 절대적인 진리를 모른다!"라는 뜻으로 해석한다면 몰라도, "내가 무엇을 알겠는가? 나는 아무것도 참이라고 믿지 않는다!"라는 뜻으로 해석한다면 그의 말은 자기모순이다. 왜냐하면 모든 앎은 절대적인 것이 아니라 상대적이며, 모든 진리는 영원불변한 것이 아니라 잠정적이기 때문이다. 윤리도덕적 선/악, 이타주의, 세계관, 나 개인이나 인간, 인간 사회나 우주의 궁극적 '의미/의의/가치'에 관한 나 자신의 형이상학적 성찰과 이론의 객관성이 절대적 확실성을 가진다고 자신 있게 말할 수는 없으나, 내가 지금까지 평생 동안 알아보고 내 자신이 생각해 낼 수 있는 것들 가운데 최선의 진리라고 나는 믿는다. 만약 내가 이 책에서 이야기하고자 하는 주제에 대해 누군가가 보다 설득력 있게 설명을 한다면 나는 언제든지 나의 주장을 버리겠다. 이런 점에서 나는 독선적인 사람이 아니며, 기꺼이 몽테뉴와 더불어 "나는 무엇을 아는가?"라고 외친다.

우리가 추구하는 문제들에 대해 절대적으로 확실한 대답이 있든 없든, 우리 삶에 의미가 있든 없든, 우리가 좋아하든지 말든지 상관없이 우리는 줄곧 살아왔고 앞으로도 그럴 수밖에 다른 도리가 없다. 이것이야말로 속일 수 없는 가장 확실한 사실이다.

세상에는 선하고 따뜻하며, 올곧고 지혜로우며, 이타적이며 우주적 직관을 갖고 우주와 형이상학적 차원에서 감성적으로 소통하는 이들의 수가 적지 않다. 지구상의 생명체 출현과 진화의 역사, 인류의 문명사는 바로 이러한 사람들의 수가 늘어가는 역사이기도 하다고 볼 수 있다.

하지만 세계 전체를 놓고 볼 때 인류의 문명은 진화나 진보가 아니라 퇴보나 쇠퇴라 할 수 있다. 인간관계는 이타적이기보다는 가혹하게 이기적으로 되어 가고, 상호의존적이기보다는 배타적이거나 도전적이고, 빈부의 격차는 갈수록 심화되고, 지구상의 기아나 극심한 가난을 충분히 없앨 수 있음에도 불구하고 수천만 아니 수억의 인구가 굶주림으로 죽어 가고 있다.

인류의 문명사는 발달이 아니라 퇴보이고, 윤리도덕적 의식은 숭고와 신성함을 향한 상향 과정이 아니라 야만을 향한 하향의 길을 걷고 있다. 한국의 경우 반세기 전에 비하면 문명사회로서의 면모가 놀랄 만큼 맑아졌지만, 신문이나 뉴스에 날마다 등장하는 유괴, 살인, 성폭력, 횡령, 사기, 뇌물수수 등 오히려 더욱 심하게 썩은 내를 풍긴다. 컴퓨터, 모바

일폰, 가전제품, 자동차 생산 등에서 한국은 세계적 수준으로 선두에서 달리고 있지만 윤리도덕적으로 우리의 가치관은 지나차게 상업-물질주의적이며, 우리 사회는 빈부의 차이가 심하고 우리의 심성은 타자에 대해 차갑고 이기적이다. 이것이 우리의 객관적 실상이다.

한국이라는 지역을 떠나 오늘날 세계 전체의 현실을 볼 때 상황은 더 경악스럽고 더 야만적이고 더 한심스럽다. 원시시대의 인류는 창과 방패, 칼과 도끼로 부족들끼리 잔인하게 싸웠지만 오늘날에는 고도의 과학적 지식과 기술로 만들어 낸 가공할 만한 최첨단 무기로 서로를 위협한다. 그뿐만 아니라 인류 문명을 종말로 몰아넣게 될지도 모를 그런 무기들을 분쟁 지역이나 테러리스트 집단에 값비싸게 팔아치우느라 여념이 없다.

그렇다. 오늘날 우리가 사는 시대는 과거의 많은 사회가 그랬던 것처럼 문자 그대로 아비규환이다. 설상가상으로 지구온난화, 기후 변화로 지구의 자연 질서가 파괴되어 가면서 생겨나는 새로운 문제들이 우리를 위협하고 있다. 이것이 21세기 현재 우리가 살고 있는 자연적·사회적·역사적·

경제적·문화적 그리고 윤리도덕적 현실이다. 그럼에도 냉정한 현실의 절박한 문제는 우리가 이러한 현실에서도 살아야 한다는 사실이다. 하늘이 우리를 구해 주지 않는다. 우리의 문제, 우리의 운명은 오로지 우리 자신에게 달려 있다. 그렇다면 우리는 당장 무엇을 해야 할 것인가?

사람답게 살고자 애쓰는 것이다. 그렇다면 사람다운 삶의 가장 중요한 구체적 잣대는 어디에 있는가? 그것은 인간을 동물과 구별할 수 있는 가장 근본적인 속성일 것이다. 그 속성의 가장 근본적인 요소는 무엇인가? 그것은 인간의 지능, 예술적 감수성 등에서 찾을 수도 있겠지만 더 근본적인 요소는 인간의 윤리도덕적 감수성이다. 그러한 감수성으로 인해 인간만이 긍지와 수치심, 아름다움과 추함을 더불어 느낄 줄 안다. 인간만이 선과 악, 옳고 그름을 분별하고, 남의 행복이나 불행을 나의 행복이나 불행으로 공감하는 감수성을 갖고 있으며, 남의 아픔에 연민을 느끼고 가능하면 그를 돕고자 하는 이타심을 선천적으로 타고난다는 사실이다.

그렇다면 "왜 우리는 자기희생에도 불구하고 이타적 행동을 해야 하는가?"라는 물음에 대한 대답은 아주 간단하다. 그것은 "남이 행복하면 나도 그만큼 더 행복하기 때문이다!"라는 대답일 것이다. '행복의 경험'은 인간 삶의 궁극적 목적이며, 우리는 이타적 삶을 살면서 나름대로의 '인생의 의미'를 발견하고, 그만큼 더 행복한 인간이 될 수 있다.

인간은 아무도 혼자만으로는 행복할 수 없으며, 타인들 그리고 나 이외의 모든 것들 즉 우주와의 조화로운 공존과 연대를 통해서만 진정한 존재의 '의미' 즉 '행복'이라는 가치를 경험할 수 있다.

윤리도덕적인 가치가 한 인간의 인간다운 삶을 위해서 필수적이지만, 그러한 가치 외에도 인간의 삶을 한층 더 풍요롭게 해주는 다양한 가치들이 허다하다. 교과서적으로 아침부터 저녁까지 평생을 도덕군자로 사는 삶보다는 다른 가치들을 경험하고 사는 삶이 한결 바람직하고 멋진 그리고 풍요한 삶이 되지 않을까 생각한다. 모든 사람들이 테레사 수녀나 안중근 의사, 슈바이처나 이태석 신부 등과 같은 위대한 도덕적 스승처럼 될 수는 없다. 설령 될 수 있다 해도 모두가 그렇게 살아갈 필요는 없으며, 만약 모두가 그렇게 산다면 사회는 오래가지 못하고 사라지고 말 것이다.

인간 공동체의 모든 이들이 서로를 존중하고, 상호의존적이고 서로를 아끼며 다양한 가치들을 추구하고 즐기며 사는 사회가 가장 바람직하다. 무엇보다도 중요한 것은 서로가 서로에게 도움이 되는 인간 사회를 꾸려 나가는 것이며, 그보다 더 중요한 것은 모두가 함께 하나로 연대하여 씩씩하고 당당하게 행복함을 느끼며 사는 것이다. 그러한 밑바닥에는 서로가 서로를 배려하고 남의 행복을 자신의 행복으로 느끼는 마음씨인 이타주의가 깔려 있다. 나는 내가 남을 행복하게 돕는 데 행복을 느낀다. 내가 남을 돕는 근본적인 그러나 가장 단순하고 솔직한 이유는 남의 고통을 덜어 주고 남을 보다 행복해지도록 도와주면서 더없는 긍지를 느끼며 누구보다 나 자신이 행복해지기 때문이다.

여기서 나는 '행복'이라는 낱말을 썼다. 사람은 삶의 궁극적 목적과 가치를 '행복'에 둔다. 그러나 초인이 인생의 궁극적 목적이 되어야 한다고 주장한 독일 철학자 니체는 유럽 대륙과 떨어진 섬나라 영국인들의 실용주의적 가치관을 경멸하면서 "영국인들은 행복만을 생각한다"라고 말했다. 나도 1967년 프랑스의 문예지 『신프랑스 평론NRF』 7월호에 발표했던 글의 첫머리에 "나는 행복을 경멸한다"라고 쓴 바 있다. 내 나이 서른다섯 살 때였다. 그러나 나의 인생관은 좀 달라졌다. 나는 인생의 의미가 '행복'이라는 개념으로 가장 잘 요약될 수 있다고 믿는다. 물론 '행복'이라는 개념을 '관능적 쾌락'이라는 뜻과는 전혀 다른 '영혼의 환희'라는 뜻으로 해석할 때 말이다.

인생의 의미와 윤회 사상

인과 법칙 즉 카르마karma라는 개념에 뿌리를 둔 윤회輪廻 사상은 적어도 3,000년 전 인도에서 태어난 힌두교에 뿌리를 두고 있다. 힌두교에서 파생한 불교 사상의 밑바닥에도 깔려 있고, 불교의 깊은 영향 아래 있는 동북아시아 대중들의 종교적 세계관과 인생관을 막연하게나마 지배해 온 사상의 큰 틀이다.

윤회 사상은 우주의 삼라만상과 인간과 동물의 운명을 단순하면서도 놀라운 방식으로 알려 줄 뿐 아니라 각자 인간의 삶의 '의미'까지도 깊은 통찰력으로 설명해 준다. 그것이 다른 어느 세계관이나 철학에서도 찾아볼 수 없는 기막히게 합리적인 설명임을 깨달았을 때 나는 경탄하지 않을 수 없었다.

우리는 어째서 각각 서로 다르게, 특정한 시간과 공간에서 특정한 재능과 성격을 갖고, 특정한 부모의 자녀로 태어나 각각 고유한 운명을 따라 서로 다른 삶을 살다가 혼자 죽어야 하는가? 이러한 물음을 한 번이라도 가져 보지 않은 이는 없을 것이다. 이런 물음에 대한 힌두교·불교의 대답은 인과因果 사상인 동시에 윤회 사상으로서의 '업業, karma'이라는 개념이다.

힌두교의 '업' 철학에 따르면 모든 생명체들은 각각 분류에 따라 버러지, 개, 사람, 왕자, 노비, 천재, 바보, 미녀, 추녀, 여자, 남자 등 서로 다른 생명체로 태어난다. 그리고 결과는 하나같이 서로 다르며, 모든 생명체는 자신의 의지와 무관한 다른 이유나 원인에 의해서 태어난다. 아무도, 그 어떤 생명체도 자신의 탄생을 선택하지 않고 태어난다. 어째서 나는 a가 아니고 b로, a나 b도 아닌 c나 d로 태어났을까? 어째서 나는 '나'로서 괴로운 인생을 살아야 하는가? 기독교에서는 에덴동산에서 아담과 이브가 하느님과의 약속을 어기고 저지른 이른바 '원죄'의 벌에 의해서 인간의 운명이 결정되었다고 설명한다. 말이 되지 않는다. 이와 달리 힌두교의 윤회 사상에 따르면, 인간은 우주적 윤회의 인과적 원리에 의해 태어났다가 죽고, 죽었다가 다시 태어나기를 영원히 되풀이하는데, 현재의 나의 존재와 삶은 그 이전까지 내가 했던 업 즉 우주적 원리에 따른 나의 '의무 수행'의 성적표에 따라서 인과적으로 결정된 것 즉 '숙명'의 결과이다.

이처럼 고대 인도들은 기막힌 이론을 창조했다. 나는 한 인간의 운명을 우주적 윤회 사상과 '업'이라는 결정론적 인과 법칙으로 아주 선명하고 간략하게 설명하는 방법을 고안해 낸 그들의 지적 천재성에 압도당하고 경탄하지 않을 수 없다. 이런 점에서 동서고금을 막론하고 고대 인도인들의 윤회 사상보다 뛰어난 우주관, 인생관, 운명관을 들어본 적이 없다. 내가 알아본 우주론, 운명론들 가운데 '업' 철학보다 나은 것은 어디에도 없었을 뿐 아니라 앞으로도 없을 것이다.

하지만 인간의 운명에 관한 업 개념과 모든 생명체의 윤회 사상적 설명은 한편으로는 한 사회의 지배 계급이 자신들의 지배를 형이상학적 및 종교적으로 정당화하는 도구로 기능해 왔다고 볼 수 있고, 다른 한편으로는 피지배 계급이 견뎌야만 하는 삶의 고통에 체념하고 형이상학적으로 정당화하여 자신들의 처지를 숙명으로 받아들임으로써 심리적 위안을 얻고자 하는 일종의 사회적 아편의 기능을 해왔다. 현재도 그런 상태에서 조금도 변하지 않았다고 볼 수 있다. 그러나 영원회귀적 세계관의 형이상학적 이론으로서의 우수성과 그 세계관이 함축할 수 있는 정치적이나 사회적인 부정적 효과는 별개의 문제이다.

우주 전체는 그것을 구성하는 모든 개별자들의 인과 법칙적 업보에 따라서 상호적으로 각자의 운명을 윤회하면서 각 개체들과 인류와 우주 전체의 운명과 의미를 연대적으로 결정하고 책임을 진다. 나, 너, 모든 개체들과 인류, 자연, 그리고 우주의 영원회귀의 의미와 무의미, 희망과 절망, 낙관주의와 비관주의는 곧 모든 인간들의 자유로운 행위 결단에 달려 있다.

고백하건대, 변명이 전혀 없는 것은 아니지만, 나의 삶을 뒤돌아보면 나는 이기적 삶을 살아왔다. 나는 철학자로서 모든 것들을 설명하고 나의 삶과 세상의 의미를 밝혀 보려고 평생 애써 왔다. 그러나 결과적으로 봤을 때 이기적으로

살아온 것이 본의는 아니었더라도 부끄럽기는 마찬가지다. 너무 늦기 전에 조금이나마 좀 더 이타적인 삶을 살고 싶다. 허황한 꿈을 훌훌 털어 버리고서라도 말이다. 머리가 백발이 된 지 오래고, 육체적 힘이 없어짐을 느끼게 되니 더욱 그런 생각이 든다.

삶은 곧 꿈과 희망이다

언제부턴가 교육계·정치계·문화계 등 사회 전반에 걸쳐 '꿈'이 화두가 되고, 정치권에서는 '희망'이라는 말이 자주 사람들의 입에 오르내리고 있다. '꿈'과 '희망'은 각각 무엇을 뜻하며, 그 차이는 무엇인가?

'꿈'이라고 하면, 장자의 유명한 '나비의 꿈胡蝶夢'이 떠오른다. 장자는 자신이 나비가 되어 훨훨 날아가는 꿈을 꾸었는데, 가만히 생각해 보니 그 꿈이 사실은 나비의 꿈이었는지 아니면 자기의 꿈이었는지를 알 수 없었다고 했다. 이때 장자가 사용한 '꿈'은 실재 즉 객관적 현실reality과 대조되는 실재하지 않는 상상적 존재 즉 허상을 뜻한다. 그래서 그것은 실재가 아니라 환상을 지칭한다. 장자는 나비의 꿈 이야기를 통해서 실재하는 것과 인간이 머릿속에 그린 상상으로

만 즉 논리적으로만 존재하는 허상과의 구별에 대한 철학적 문제를 제기한 것이다. 일종의 개념이다.

반면 교육적·계몽적 차원에서 "꿈나무"라거나 "누구나 자기의 꿈을 가질 수 있는 사회가 되어야 한다"라고 말할 때 '꿈'은 '희망'이라는 말과 동의어가 된다. 꿈이 실현 가능성이 요원한 상상이라면, 희망은 우리의 노력과 운에 따라 실현 가능한 현실이다. 한국이 산업화와 민주화를 거치면서 무역 강대국으로 성장하기 이전에는 오늘과 같은 한국의 생활수준은 상상조차 할 수 없는 꿈이었지만, 현재는 가질 수 있는 꿈이 되는 것은 물론 희망이 될 수 있는 만큼 삶의 조건이 좋아졌다. 그런데도 오늘날 한국인들은 반세기 전에 비해 더 많은 불만과 더 적은 행복감을 느끼며 산다.

경제적·문화적·사회적 측면에서 한국은 지난 반세기를 거치며 엄청나게 비약했지만 빈부 격차, 실직, 경쟁, 사회적 낙오자, 부패, 폭력, 살인 등 사회 전반에 걸친 심각한 문제를 겪고 있다. 이런 현실에서 청년들은 대학을 졸업해도 직장을 구하기 어렵고, 결혼을 해도 작은 집 한 칸 마련하는 꿈조차 갖기 어려운 형편이다. 이런 현실로 볼 때, 한국이 선진국에 진입했다고는 하지만 한국인의 행복지수가 세계 최하위에 가까운 것은 우연이 아니다. 언제부턴가 빈번하게 일어나고 있는 '묻지마 살인' 같은 끔찍한 범죄도 이러한 한국 사회의 절박한 상황을 반영하는 것이 아니고 무엇이겠는가? 행복하지 않을 뿐 아니라 희망까지, 아니 희망을 가질 수 있는 꿈까지 빼앗기고 있다. 인간의 행복은 상대적으로 오늘보다 좋은 내일, 과거나 현재보다 좋은 미래가 보일 때 느껴지는 법이다. 행복과 불행은 대체로 상대적인 감정이다.

꿈이 없는 인간은 송장이나 다름없다. 송장이 아닌 이상 인간은 의식을 갖고 있으며, 의식은 곧 실재가 아니라 머릿속의 꿈이다. 그러므로 산다는 것은 일종의 꿈이다. 그러나 인간의 삶은 꿈으로만 존재하지 않고 언제나 희망 즉 꿈을 실현하고자 노력하는 과정이다. 꿈만으로는 살 수 없다. 희망은 삶의 양식이다. 꿈 없는 인간은 살아 있는 인간이 아니며, 꿈과 희망이 없는 젊은이는 이미 '늙은 젊은이'일 뿐이다. 삶은 곧 희망이며, 희망은 꿈과는 달리 막연한 무엇이 아니라 반드시 무엇인가에 대한 구체적인 욕망 그 자체이다. 인생의 의미란 바로 그러한 희망 성취의 경험 과정이 아니고 무엇이겠는가? '인생의 의미'가 한 인간의 삶에 있어서 그토록 절박하고 중요하다면, 세상이 아무리 허망하더라도 우리는 희망이라는 욕망만은 끝까지 추구해야 하지 않겠는가? 힌두교나 불교가 아무리 금욕주의의 가치를 주장하더라도 그 자체가 바로 궁극적인 욕망 충족 즉 희망의 양식이 아니겠는가?

우주 안에는 무無에서 무한수의 무엇들이 존재하기 시작하였고, 그런 존재들 가운데서 무한수의 생명체가 생겨났고, 그 가운데서 의식을 가진 고등동물들이 태어났고, 그 가운데서 이성 즉 반성적 의식을 갖춘 인간이라는 종이 진화하였고, 몇 만 년 전부터는 그 후손들 가운데서 수많은 위대한 철학자, 예술가, 기술자, 과학자가 탄생해 인류의 진보를 이끌어 왔다. 에덴동산에서는 꿈도 꿀 수 없었던, 우주의 창조주조차 예측하지 못했던 놀라운 수준의 지식과 기술, 그리고 지혜를 축적하여 21세기의 과학기술 문명을 구축하게 되었다. 앞서 몇 번이고 언급한 대로 오늘날의 문명사회 전반에는 사회적·도덕적·지적·경제적 그리고 생태학적으로 심각한 문제가 급속도로 쌓여 가고 있지만 인류가 성취한 업적은 놀랍고, 그 자체의 능력에 비추어 볼 때 인류는 우주적 진화의 기적이요 보배라고 말하지 않을 수 없다.

인류의 진화는 그 자체로서 우주의 꽃으로 볼 수 있다. 그렇다면 인류는 더 신기하고 신선한 꿈을 꾸고, 더 크고 더 밝은 희망을 가꾸며, 더 높고 귀한 존재로 진화하여 인류를 비롯한 모든 생명체들이 행복할 수 있는 세상을 만들고 창조해야 할 의무가 있다.

그렇다면 우리는 더 큰 꿈을 꾸자. 더 귀한 희망을 만들고, 더 환하게 행복해지자. 우리 삶의 의미는 꿈을 꾸며 희망을 갖고 행복해지는 데 있다.

역사와 역사관

'역사'라는 말은 모든 과학적 탐구의 대상과 마찬가지로 반드시 물리적 차원을 갖는 사건이나 현상을 지칭하지만, 과학이나 수학적 인식 대상과는 달리 인과적 법칙이나 논리적 법칙으로만 발견되고 설명될 수 있는 객관적 존재나 사건이 아니라 그런 것들이 살아 있는 인간 사회에서 중요한 실존적 의미와 가치를 내포한 어떤 한 큰 인간 집단 내에서만 발견되고 현상학적으로 해석되며 평가되는 대상이나 사건들이다.

이런 점에서 역사는 객관적으로 관찰하고 측정할 수 있는 자연의 일부가 아니라 고도로 발달된 의식을 가진 인간 집단의 특정한 시간과 공간 내에서의 평가적 활동 양식의 표현이자 가치이다. 그리고 한 역사적 사건의 의미는 과거의 역사적 사건들만이 아니라 앞으로 그것이 어떻게 전개되느냐에 따라 사뭇 다른 의미를 가질 수 있다.

따라서 과학이나 철학이 자연의 지적 즉 객관적 설명 양식이라고 말할 수 있다면 역사는 모든 문화적 대상에 관한 언어적·주관적·평가적 활동이다. 이런 점에서 '역사'라는 학문은 자연적 세계의 그림 즉 정보가 아니라 그러한 세계에서 인간이 자신의 소원 혹은 기호嗜好에 따라서 서로 달리 외치는 가치이자 구호에 해당한다. 그렇다면 한 사람의 역사관은 그것의 객관적 진위를 따질 수 있는 대상이 아니다.

물리적으로 동일한 존재나 사건의 의미와 가치는 그것을 바라보는 무수한 사람들의 생물학적·민족적·문화적·심리적·교육적·지리적·사회적·역사적 등등 배경의 무수한 차이에 따라 모두가 조금씩은 서로 다르거나 모순될 수밖에 없다. 물리적으로 동일한 사건인 1945년 8월 15일의 "미국에게 무조건 항복을 선언하는 일본 천황의 라디오 방송"이라는 역사적 사건은 일본제국주의의 수치스러운 종말을 의미했지만, 미국에게는 자랑스러운 승리를, 한국인에게는 일제로부터의 해방과 독립 국가로서의 새 역사가 열린 기쁨을 의미했다. 하나의 역사적 사건의 보편적이고 누구에게나 동일한 객관적 의미는 원천적으로 존재할 수 없다. 그뿐만 아니라 하나의 동일한 역사적 사건의 의미는 동일한 사람에게도 맥락과 때에 따라 사뭇 달라질 수밖에 없다. 그 누구에게도 하나의 역사적 사건의 유일하고 객관적인 단 하나의 의미는 존재하지 않는다. 물리적으로는 객관적인 역사적 의미를 어떤 식으로만 해석해야 한다는 주장은 논리적 및 역사적 폭력이며 이론적 망신이다. 역사적 사건에 대한 한 사람의 의미 해석과 평가 즉 역사관을 '잘못'이라고 판단하는 것은 내가 좋아하는 음식이나 음악을 '오류'라고 비판하는 것과 마찬가지다. 즉 사실 판단과 가치 평가 간에 존재하는 범주적 차이를 착각해서 생긴 논리적 혼동의 산물인 것이다. 한 역사적 사건이나 현상에 관한 언명은 그것의 사실적 진위를 따질 수 있는 명제가 아니라 그러한 사건이나 현상에 관한 화자의 주관적 느낌의 표현에 불과하다.

권리 /

18세기 프랑스 혁명 이후 권리 특히 인권의 도덕적·정치 사회적 중요성이 자명하게 드러났다. 이러한 사실은 독립 국가로서의 미국 사회 탄생의 밑그림인 미국의 『권리장전』에서도 확인할 수 있는데, 이는 미국 시민이 공유하는 몇 가지 권리의 선언서로 미국의 모든 시민은 표현의 자유, 행복의 추구 등의 권리를 갖고 있다는 선언이다. 1789년의 프랑스 혁명도 자유, 평등, 박애라는 세 가지 도덕적 가치에 관한 인권 선언이고, 1948년 UN이 공표한 『인권선언』 등도 마찬가지이다.

더 구체적이고 일상적인 예로는 낙태를 둘러싼 산모의 권리, 안락사를 둘러싼 죽을 권리, 교육 받을 권리, 국가 권력에 대항할 권리, 행복할 권리, 병원에서 치료 받을 권리 등

등 숱한 권리들을 주장할 수 있다. 언뜻 보기에 쌀독의 쌀을 푸거나 은행에서 돈을 찾아 궁핍한 사람들에게 나누어 주듯이 권리도 그렇게 나누어 줄 수 있을 것 같지만, 권리는 이처럼 나눌 수 있는 물건이 아님은 물론이고 처음부터 어디선가에서 찾아내어 나누어 줄 수 있는 것은 더더구나 아니다. 권리는 내가 아직 채우지 못한 욕망에 지나지 않으며, 살 권리, 죽을 권리, 행복할 권리, 자유의 권리 등등의 권리가 있다는 말은 곧 "살고 싶다", "죽고 싶다", "행복하고 싶다", "자유롭고 싶다"라는 선언이거나, "나는 살 수 있는 힘을 갖고 있다", "나는 살 힘을 잃었다", "나는 불행에서 벗어날 힘을 잃었다", "나는 억압에서 벗어나지 못하고 있다"라는 식의 인정에 불과하다. 요약해서 말하자면 권리는 능력 즉 힘이다.

능력 즉 힘으로서의 권리의 원천은 한 사회의 문화 전통 혹은 정치적으로 제정된 법에서 찾을 수도 있고, 아니면 인간의 속세를 초월하여 종교적 혹은 형이상학적으로 존재하는 신성한 세계에서 찾을 수도 있다. 전자의 관점에서 볼 때 권리의 출처는 인위적인 실정법의 산물이며, 후자의 관점에서 볼 때 권리의 출처는 신성한 자연법에 있다.

　그러나 유일신을 믿는 서양 종교를 밖에서 볼 때, 윤리적 법을 비롯한 정치 및 사회적 법은 긴 역사적 경험을 바탕으로 얻은 지혜가 인위적으로 자유롭게 설계한 제도적 산물 convention이자 자유이다. 물리학에서 말하는 자연법은 인간의 권리와 무관한 인과 법칙에 지나지 않는다. 그런데 그러한 인과 법칙의 종착점은 무한 역행이란 논리적 부조리에 부닥친다는 데 문제가 있다. 원칙의 원칙이 불가능하다.

정의 /

진리truth가 인식의 궁극적 가치라면, 정의justice는 도덕적 행위의 긍정적 가치이다. 진리 판단의 근거가 판단자의 인식과 독립해서 자연적으로 존재한다고 전제된 대상의 객관성에 바탕을 두고 있다면, 행동의 정의 판단 근거는 사회제도적으로 즉 인위적으로 제정된 근대적 의미의 실정법에 있다. 그렇다면 일차적으로 법적 즉 인위적 기준으로 판단되는 정의는 주관적이고 독단적이며 따라서 상대적이고 불안정할 수밖에 없고, 구속력의 약화 내지 상실을 불러온다.

정의 문제의 실정법적 해석 문제를 극복하기 위해 정의라는 법적 개념의 토대를 인간의 보편적이고 본래적인 도덕적 심성 혹은 직관에서 찾고자 한 정통적 정의론이 있고, 이런 문제를 극복하고자 한 이른바 자연주의적 정의론이 있으며,

오늘날에도 그렇게 생각하는 입장의 강력한 주장들이 존재한다. 평등에 따른 분배, 노력에 따른 분배, 능력에 따른 분배, 결과에 따른 분배, 필요에 따른 분배, 공평성의 원칙에 따른 분배, 공동선의 관점에 따른 분배, 그리고 롤스가 말하는 "한 인간이 무지의 베일을 쓴 상태에서 자신의 운명에 관해 직관이나 논리로 선택할 수 있는 규칙rule"으로서의 정의관 등이 그러한 사례들이다.

그러나 모든 신념들이 그러하듯이, 정의의 여러 기준에 관한 전통적 신념들 역시 맞지 않는다고 나는 확신한다. 오늘날에도 문화나 사회, 개인이나 집단의 입장, 시공간적 상황의 무수한 변수로 인해 보편적이고 객관적인 직관, 진리, 합의, 판단은 존재하지 않기 때문이다. 모든 직관은 이상적이고 잠정적인 가정이기 때문이다. 정의에 대한 단 하나의 영원한 잣대는 결코 존재하지 않는다. 한 가지 확실한 사실은 모든 결정과 행위 그리고 생각은 때로는 목숨이 걸린 책임이 필연적으로 따르며 되돌릴 수 없다는 것이다.

진정성

내 속마음은 나만이 알 수 있다. 나 아닌 어떤 사람도 내 마음을 눈으로 보거나 손으로 만질 수 없다. 남이 나의 마음을 알 수 있는 것은 내가 속마음을 언어로 표현할 때뿐이다. 그러나 어떤 이유에서든 나는 속마음을 내가 느끼고 생각하는 그대로 표현할 수도 있고, 의도와는 전혀 다르게 표현할 수도 있다. 전자의 경우 말의 성격을 '진정성' 즉 '진짜'라 부르고, 후자의 경우 말의 성격을 '진정성의 부재' 즉 '가짜'라고 부른다. 진정성은 속마음과 그것의 표현과의 일치, 다시 말해 겉으로 보이지 않는 마음과 밖으로 드러난 표현과의 일치로 일종의 '진리'를 뜻한다.

우리는 누군가가 자신의 마음이나 생각을 진정성 있게 표현할 때 그를 도덕적으로 칭송하며, 그와 반대일 경우에는 진정성의 부재 즉 일종의 거짓말로 규정하고 그를 사기꾼으로 취급하면서 도덕적으로 규탄한다. 진정성은 한 사람의 속마음과 그것의 참된 표현임을 지칭한다.

사람들은 예외 없이 조금씩 거짓말을 한다. 만약 마음에 있는 생각을 있는 그대로 드러낼 때 본의 아니게 상대방의 마음에 상처를 줄 수 있기 때문이다. 예컨대 못생긴 사람을 보고 못생겼다고 정직하게 말한다면 상대방은 기분 나빠 할 것이 자명하다.

대선을 눈앞에 둔 후보자들은 경쟁자들의 정치적 언행과 관련해서 '진정성'의 유무를 많이 이야기하고, 그에 따라 상대를 도덕적으로 비난하고 인간적으로나 정치가로서 규탄한다. 그런데 대선 후보들의 도덕성의 핵심적 덕목인 '진정성'이라는 비가시적인 속성의 유무를 어떻게 말할 수 있겠는가? 한 사람의 말의 진정성은 여러 가지로 추측할 수 있겠지만, 마음과 말의 진정성 유무를 입증하는 일은 쉽지 않다. 그러므로 다른 후보의 말과 행동의 진정성을 비판하기 위해서는 상대방의 말과 행동에 관한 자기 자신의 인식을 더 확고하고 신중하게 가져야 한다.

한 인간의 마음과 행동의 진정성이 비가시적이지만 그것
들 간에는 인과관계가 있는 만큼, 그 사람의 말과 행동에
관한 주의 깊은 관찰과 사용되는 언어에 대한 냉정한 분석
으로 문제의 진정성에 관한 평가는 어느 정도까지는 가능
하며, 그것이 유일한 방법이다.

자유

우리말의 '자유'라는 낱말은 영어의 'liberty'라는 개념의 번역으로도 쓰이고, 'freedom'이라는 개념의 번역으로도 함께 사용된다. 그러나 두 개념들은 유사하지만 엄격히 말해서 사뭇 다르다. 전자가 정치 혹은 제도로서의 사법적 개념으로서 인위적으로 정해진 법적 속박으로부터의 해방을 뜻하는 데 반해, 후자는 형이상학적 즉 우주론적 개념으로서 자연을 지배하는 엄격한 인과 법칙으로부터의 해방 혹은 이탈을 지칭한다. 자유는 전자의 경우 형이상학적 결정론과 대척점에 있는 개념이라면, 후자의 경우 정치적·실정법에 대척되는 개념이다.

인간을 포함한 삼라만상 가운데 어떤 것들의 동작과 변화는 예측할 수 있는 것과 그렇지 못한 것이 있다. 전자는

형이상학적으로 물질의 범주(자연)에 속하며, 후자의 범주 속에는 유일하게 인간이라는 동물이 속한다. 그리고 전자의 운동/변화를 기계적인 인과 법칙으로 설명하고, 후자의 행동/변화를 '자유의지' 혹은 그냥 '자유'라는 특정한 형이상학적 속성으로 설명한다. 이때 자유는 인간의 힘으로 확실하고 정확하게 예측할 수 없는 것들의 동작과 속성을 지칭한다.

운동과 변화의 예측 가능성과 불가능성에 의한 형이상학적 '자유' 개념의 규정은 양자역학이 확고한 과학적 이론으로 정착된 오늘날의 관점에서 보자면 만족스럽지 못하다. 양자역학이 탐구 대상으로 삼고 있는 대상은 형이상학적 차원에서 볼 때 자유의지를 갖지 않은 '물질'이라는 형이상학적 범주에 속해 있기 때문이다. 예측 불가능성은 형이상학적 개념으로서의 '자유'의 속성으로 규정할 수 없다. 그러나 '자유'라는 개념은 인간이라면 누구도 벗어날 수 없는 도덕적 경험과 문제를 이해하고 해결하는 데 빼놓을 수 없는 개념이다. 자유라는 개념 없이는 도덕적인 문제의 해결은 물론이고 그에 대한 이해도 불가능하다. 인간도 모든 물질과 마찬가지로 우주를 구성하는 극미한 쿼크Quark, 렙톤 Lepton, 힉스Higgs 등 미립자의 집합물질이지 그냥 물질로만 은 볼 수 없다는 것이다. 이런 점에서 인간은 사르트르의 말 대로 저주받은 동물이지만 또한 그만큼 존엄성 있는 가치 이며, 그것은 모든 가치 가운데 최고의 것이다. 인간을 다른 존재들과 구별할 수 있는, 궁극적으로 차별할 수 있는 속성 은 곧 자유이다.

안락사

덴마크의 실존주의자 키르케고르Søren Kierkegaard의 표현
대로 모든 생명체의 삶이 태어나면서부터 죽음에 이르는 과
정이라면, 인간도 예외는 아니다. 인간은 처음부터 병자이
며, 죽음과 싸우는 환자이고, 이 세상은 거대한 병원에 불과
하다. 병은 괴롭고 죽음은 무섭다. 젊고 늙고를 막론하고 말
기 환자들에게는 이런 문제가 더욱 심각하고 절실하게 다가
오고, 의학의 발달로 노령화 문제가 날이 갈수록 심각해지
는 오늘날의 이런 현실은 개인적으로나 사회적으로나 도덕
적 관점에서 날로 가까이 다가오고 있다. 그것이 우주의 알
수 없는 원리에 의해서 결정된 모든 생명체의 운명이라서
어쩔 수 없는 삶의 상황이지만 그렇다고 사정이 달라지지는
않는다.

살아남고자 하는 본능이 가장 원초적이긴 하지만 그와 동시에 불치의 병으로 차마 눈 뜨고 볼 수 없을 만큼 끔찍한 신체적·정신적 고통을 받았을 때, 그런 결과로 본의 아니게 가족이나 사회 전체에 직접적으로나 간접적으로 고통을 전가하게 된다면 나는 하루라도 아니 한 시간이라도 빨리 가족과 친구, 이웃 그리고 이승을 떠나 저승에 가서 조용히 영면하고 싶은 생각이 들지 않을 수 없을 것이다. 타인의 생명에 대한 의도적 단축인 이상 안락사도 일종의 살인 행위임에는 틀림이 없지만 말이다.

그러나 바로 이런 점에서 안락사 문제는 대표적이고 극단적인 윤리도덕적 문제들 가운데 하나인 인간의 존엄성dignity이라는 가치관에 근거한다. 인위적 생명 단축 양식으로서의 안락사의 문제는 도덕적으로 허용되는가 아닌가를 결정하는 문제이다. 한편으로 만약 안락사를 허용한다면 그것은 인간의 존엄성을 부정하는 의미가 되고, 인간 존엄성의 부정을 의미하는 한 어떤 경우도 도덕적 가치에 근본적으로 모순된다.

다른 한편으로 만약 안락사를 반대하는 이유의 근거가

인간의 존엄성에 있고, 회복할 가능성이 거의 없는 환자의 뼈를 깎는 고통을 수반한 생명의 연장에 있다면, 심장은 뛰지만 송장이나 다름없는 환자의 생명을 존중한다는 명목으로 인공호흡과 인공영양을 강제로 주입하며 몇 달이고 몇 년이고 누워 있게 하는 것 역시 인간의 존엄성을 존중하는 행위와 정면으로 배치된다.

모든 도덕적 선택의 절대적이며 보편적인 잣대가 없듯이 안락사를 둘러싼 도덕적 논쟁의 옳고 그름을 결정할 수 있는 선택 규범은 보이지 않는다. 안락사의 문제도 다른 모든 중요한 문제들이 그러하듯이 장소와 시간, 역사적·문화적 그리고 각기 구체적 상황마다 조금씩은 다르다. 안락사를 둘러싼 도덕적 문제 해결의 유일하고 보편적인 잣대는 존재하지 않는다. 중요한 것은 가능한 한 모든 상황을 주의 깊게 관찰하고 심각하게 고려해서 책임을 지고 결정하는 일이다.

낙태, 사형, 자살, 전쟁 등 인간의 생명, 고통과 기쁨을 둘러싼 모든 도덕적 문제들에 대해서도 안락사의 경우와 마찬가지 이야기를 할 수 있고, 그 각각의 특별한 문제에 대한 철학적으로 선명한 단 한 가지 해결 방법은 존재하지도 않고 존재할 수도 없다. 낙태의 문제는 존중되어야 할 생명의 가치를 살아 있는 산모에 두느냐 아니면 앞으로 태어날 태아에 두느냐를 저울질하고 결정하는 도덕적 문제이다. 그리고 그것을 결정하는 단 하나의 객관적 잣대가 존재하지 않는다는 사실이 철학적 문제이다. 그러나 이런 문제를 해결하는 데 도덕적 관점에서 구체적으로 깊이 생각해야 할 사항들은 어떤 경우에도 동일하지 않다.

자살 /

　누구에게나 자신의 생명보다 더 귀중한 것은 없다. 이러한 사실은 곧 자연의 원리인 것 같다. 만일 그렇다면 자기 자신의 생물학적 부정인 자살 행위는 자연의 원리에 배반되는 것이기에 그러한 사건은 논리적으로 생각조차 할 수 없다. 그런데도 인간은 아득한 옛날부터 오늘날까지 끊임없이 자살 즉 자연 법칙에 어긋나는 행위를 해왔다.

　그리고 자살은 한편으로는 금기의 대상으로서 서양의 전통적 사상에 의하면 하느님 계시에 위배되는 크나큰 죄로 지탄받지만, 다른 한편으로는 동서양을 막론하고 격려나 숭배의 대상이 되는 경우도 많다. 곧 어떤 민족적·인종적·정치적 목적 달성을 위해 약자들이 부득이 선택한 자신들의 인간적·민족적·종교적 존엄성을 지키는 수단일 때도 있다.

모든 죽음이 도덕적 관점에서 무조건 부정적이지는 않다. 삶은 그 자체로서 최고의 가치이지만 인간의 존엄성을 긍정하고 확인하기 위한 죽음, 즉 인간다움의 가치를 지키기 위한 자살이라는 이름의 죽음은 어떤 삶의 가치보다 귀중하고 숭고하며 아름다울 수 있다. 모든 선택과 가치 판단은 복잡하고 어렵지만 인간의 삶에 관한 문제의 경우에는 더욱더 그러하다. 어떤 정해진 법칙에 따라 간단하고 명료하게 대답할 수 없다. 중요한 것은 성급히 대답하기 전에 진지하고 신중한 태도로 각기 경우마다 나름대로 깊게 숙고하며 책임 있게 대처하는 것이다.

이태석 신부 송가頌歌

1

몇 십 년 동안 부족들 간의 잔혹한 전쟁으로
서로가 서로를 죽고 죽이며 살다가 사라진
지금은 빈 오두막들
모든 것이 파괴된 검은 아프리카의 폐허
사막의 모래 위에 폐허가 된 한 나라 수단
북아프리카 대륙 그 한복판의 거기 한 마을 톤즈
거기 한국의 이태석이란 젊은 신부가 세운 판잣집 초등학교
그 뜰의 나무 걸상에 앉아
동화에 나오는 빨갛고 노란 유니폼을 입고
악대의 벼슬이 주렁주렁 달린 모자를 쓰고 앉아

연주하고, 희망의 노래를 부르는 생도들
한센병에 걸려 발가락이 없어도
신나서 웃고 행복에 가득 찬 꼬마 관현악단원들

각기 모두가 악기를 연주하는
꼬마 관현악단원들
어느덧 웃음을 띠고
그들 앞에서 신나게 지휘봉을 흔드는 이태석 신부
신난 꼬마 단원들은 지휘봉에 맞추어
신부 선생님의 얼굴에서 눈을 떼지 못하고
그저 신바람 나서
꿈을, 희망을 되찾고
살아 있는 보람을 느낀다.
그 관현악 소리 이 오지 마을에 울리면
아프리카 어둔 사막에 파란 햇빛을 느낀다.

이태석은 고아가 된 가난한 아프리카 아이들에게
노래와 악기를 가르치는 멋있는 총각이며

톤즈 마을의 꿈이며 희망이며
아버지이자 햇빛이며
꿈이자 희망이다.
그리고 그것은 모두가 사랑이다.

2

부산 달동네 언덕에서 태어나 홀어머니 슬하에서 여러 형제와 어렵게 자라 신부가 된 아들.

가족들 만류에도 이태석이 수단에 가서 봉사 활동을 하겠다는 구체적이고 절실한 계획을 뒷받침하기 위해 신부의 어머니는 삯바느질을 해서 번 돈으로 7년 동안 가톨릭 의대 학비를 댔다.

아들은 고생하시며 자녀들을 교육시킨 어머니의 은혜에 보답하겠다는 혈육 간의 애정과 의무감을 뼈저리게 느끼면서도, 생활에 어려움을 겪고 있는 어머니와 형제들을 두고 내전으로 황폐하고 병든 아프리카 오지 수단으로 떠났다. 그곳에 이미 한 번 가보았던 그는 그곳 흑인들이 처한 삶의 고통을 보고 무엇인가 크나큰 충격을 받고 신부로서 아니 그냥 인간으로서의 연민, 소명감, 도덕적 의무감, 사명감과 그곳 사람들에 대한 깊은 인간애를 느꼈음이 틀림없다.

의사 이태석은 판잣집 학교를 세워 방 한 칸 구석에 병원을 차리고는 아무리 밤중이라도 문을 열어 놓은 채 발가락이 없는 어린 한센병 환자들의 상처에 약을 발라 주었다.

3

이태석은 톤즈에서 유일한 만능 선생으로 모든 이들 특히 어린이들과 친하게 지내며 행복하게 살았다. 그는 아이들에게 글을 알려 주고, 산수와 관현악기 연주도 가르쳐 주었다. 그들과 함께 배구나 축구 등 스포츠도 하고 노는 법도 일러주면서 동심으로 돌아가 행복해했다.

작사도 하고 작곡도 하고 피아노와 여러 악기를 연주할 줄 알던 이태석은 노래를 잘 부르는 타고난 음악가이자 시인이었다. 그리고 그는 사람들을 행복하게 만들어 주면서 자신도 행복하게 그들과 어울려 살았다.

이태석은 병이 들어 힘이 없어졌을 때에도 톤즈의 가난한 아이들을 위해 끝까지 헌신적으로 살았다. 그들의 구원자로 성스럽게 살다간 그는 한국에서 온 신부님, 선생님, 진정한 친구로서 그들에게 꿈과 희망 그리고 인간적인 깊은 사랑을 보여주었다. 한센병으로 발가락이 없어진 그들의 발을 씻기고 약을 발라 준 예수와 같은 자비로운 구세주 이태석 신부에게 그들은 감사의 눈물을 흘리며 다시 돌아오지 못할 그를 기억하고, 한국에서 온 이 성자의 부재를 가슴으로 아쉬워하고 어쩌면 그를 뺏어간 하느님을 야속하게 생각할지도 모를 일이다.

4

이태석 신부는 언제나 몸과 마음이 편안했다.
어머니와 형제들과
부산 사람들과 톤즈 마을 사람들과
한센병에 걸린 버림받은 흑인 아이들과
세상과 그리고 자기 자신과

배고픔과 추위와 더위와

어려서나 커서나

부산 달동네에서나

아프리카 수단의 오지에서나

불편함이 없었고 항상 평안했다.

자기 자신과 그 밖의 모든 것들과

암에 걸리기 전이나 그 후나

모든 것은 가득 차고 평화롭고

행복했다.

이태석 신부 속에서 하느님과 악마

인간, 자연, 우주 그리고

하늘과 땅, 삶과 죽음, 눈물과 웃음

모든 것이 단 하나, 조화롭고 숭고한

단 하나의 기쁨이 된다.

착하고 선함이 된다.

어둠과 빛

　삶의 초월적 의미가 있다는 것을 믿지 않으면서도 죽음에 대한 공포나 두려움에서 우리는 해방되지 않는다. 땅속에 묻혀서 무겁고 축축한 흙에 덮인다는 것은 상상만 해도 숨이 막히게 답답하다. 땅속에서 구더기와 같은 벌레의 밥이 된다는 사실을 상상할 때 죽음에 대한 공포와 두려움이 반사적으로 일어난다. 죽음에 대한 우리의 공포는 최후 심판이거나 염라대왕의 초월적인 얼굴에 기인되지 않는 가장 피부적인 존재감이다.

　그러나 좀 더 생각해 보면 그 공포는 어둠에 대한 것이 아닐까? 죽으면 우리는 아무것도 보지 못한다. 죽음은 우리들의 시각視覺, 시각의 상징, 아니 그것의 연장인 의식을 박탈

한다. 그래서 죽음은 어둠을 뜻한다. 본다는 사실 자체, 의식한다는 사실 자체는 그 대상이나 결과가 어떤 것이든 빛이요, 최고의 환희요, 최대의 가치다. 그렇기 때문에 청각 장애나 신체 장애보다 시각 장애가 더 불우한 게 아닐까? 시력을 완전히 상실한 상황을 상상해 보자. 그것은 거의 의식을 잃었을 때와 유사하지 않을까? 시력은 의식을 상징하며, 의식은 빛이요 빛은 생명이다. 헤겔이 형이상학적 궁극적 목적이 절대적 존재의 자의식, 투명화라고 보고 우주적 역사를 그러한 지점에 도달하는 과정으로 봤다는 것은 우연한 발상이 아니었다. 좀 더 가까이로는 인류 역사의 궁극적 가치는 모든 사물 현상의 이성화, 즉 투명화라고 믿고 유럽이 그러한 형이상학적 사명을 갖고 있다는 후설Edmund Husserl의 주장이 있다. 그가 비록 쇼비니스트적인 색채를 얼마간 띠고는 있지만 이는 눈의 가치, 봄의 가치, 앎의 가치의 절대성에서 찾아볼 수 있지 않을까?

눈을 뜰 때 자연 현상의 질서가 드러나고 인간 의식의 거울 속에서 그것들의 의미가 투명하게 부각된다. 인간의 눈, 의식, 인간의 언어에 의해서 그냥 존재하는 것들이 하나의 자연으로서, 하나의 세계로서 빛을 받는다. 하이데거Martin Heidegger의 말대로 존재는 그 은폐성에서 탈피하여 태양의 비은폐성으로 환원된다. 이런 빛 속에서 존재는 비로소 존재, 삶은 비로소 삶의 형태를 갖는다. 마치 먼동이 트면서 밤새도록 어둠 속에 갇혀 있던 논밭, 산천, 마을, 집 안 형태, 강아지, 뜰에 심은 화초들이 스스로를 드러내 보이며 투명한 형태를 갖추고 비로소 그 개개의 아름다움을 드러내듯이.

사물의 투명성이 가져오는 상쾌함, 앎이 주는 기쁨은 그것들의 유용성에서 찾아볼 수 있을지 모르며, 그것은 결국 생물학적인 설명을 얻을지 모른다. 앎은 생물체로서의 우리가 살아가는 데 가장 기본적인 도구가 되기 때문이다. 그러나 이러한 이론적 차원을 따지지 않고서라도 앎이 우리들에게 주는 환희는 가장 직접적이고 근본적이다. 인류가 동물과 다른 점은 우리가 좀 더 많은 것을 알고 있다는 사실, 좀 더 밝은 빛을 받고 있다는 점이다. 나날이 더 절감하게 되는 과학의 위력은 그 효용성에 있다. 그러나 과학이 우리를 매혹하는 것은 그 효용성 이전에 그것이 자연 현상을 더욱 투명하게 해주는 데 있지 않을까? 뉴턴이나 아인슈타인의 생애와 노력은 어떤 실질적 효용성을 찾는 데서보다는 자연 현상의 빛을 찾는 데 있었다고 봐야 한다. 앎 자체, 빛 자체에 그들은 매혹되어 있었고 그런 것에 환희를 느꼈던 것이다.

과학이 비춰 주는 세계는 한계가 있다. 과학의 빛은 오로지 이미 존재하는 물리 현상에만 국한된다. 과학적 앎은 한계를 의식한다. 물질 현상을 넘어서, 그 이전의 세계는 과학으로 도달할 수 없는 영역에 놓여 있고, 그것은 과학의 빛이 미치지 못하는 어둠으로 남아 있다. 사물 현상들은 도대체 어디서 왔는가? 과학으로 설명될 수 있는 자연 현상이 존재하는 의미는 도대체 무엇인가? 하이데거 식으로 "도대체 어찌하여 아무것도 없지 않고 무엇인가가 있는가?"라는 질문이 나올 수 있다. 여기서 전통적인 뜻으로서의 철학적 사색이 시작된다. 철학은 과학이 미치지 못하는 더욱 근본적인 현상, 사실에 대한 앎의 추구이다. 노자·장자·공자·석가모니의 동양적 사색, 소크라테스에서 후설·하이데거·비트겐슈타인에 이르는 서양적 사고는 과학이 마련해 줄 수 없는 빛을 던져 보려는 색다른 시도들이었다. 이러한 철학적 시도 밑바닥에는 오로지 이성으로써 궁극적인 사물 현상의 모습이 밝혀진다는 소신이 깔려 있다. 철학적 의도 속에는 이성에 대한 신뢰가 있다. 철학의 입장에서 볼 때 이성은 곧 빛이다. 그러나 우리는 알고 있다. 이성의 한계를, 따라서 철학의 허영심을. 만약 이와 같이 이성에의 신뢰가 철학의 신뢰였다면, 철학은 스스로의 환상을 또한 자각하기에 이른다. 해가 비치는 곳에 그늘이 있듯, 시선이 닿는 곳에 지평이 가려 있듯 철학적 이성의 지평선엔 산이 솟아 있다. 저쪽이 보이지 않는 산들이.

철학적 환상이 의식될 때 신비주의 그리고 나아가서는 종교적 세계가 만들어진다. 철학의 빛이 의식한 무한한 어둠을 빛으로 전환시킬 때 신비주의가 생긴다. 이제 이성에서 본 어둠은 빛이 된다. 그 어둠이 하나의 그림자에 불과했던 것으로 생각될 때 신비주의는 스스로 투명한 빛으로 자부한다. 그러나 신비주의가 도달한 빛의 세계, 신비주의가 보고 알고 있는 세계는 이성의 정돈된 윤곽에서 벗어나 모든 언어의 인공적 투명한 질서 밖에 있는 존재이다. 따라서 그것의 투명성과 질서는 말할 수 없는 것, 표현될 수 없는 것, 오로지 진공관의 빛에 의해서 그냥 한없이 밝기만 한 침묵

의 빛, 침묵의 질서이다. 이런 침묵에 답답증을 느끼고 아지랑이같이 그러나 한여름 대낮보다도 밝은 빛을 찾는 욕구가 생길 때 신비의 세계는 초월의 세계라는 명칭을 받게 되고, 거기에 새로운 그러나 우리가 이성의 빛으로 바라봤던 사물 현상의 형이하학적 세계와 유사한 또 하나의 세계가 만들어진다. 종교란 다름 아니라 말할 수 없는 것을 말하는 욕망의 표현이기도 하다. 종교는 하느님을, 딴 세계를, 영생을, 천당을, 지옥을 말로 꾸민다. 이렇게 해서 종교는 이성의 빛을 이성이 도달할 수 없는 세계에까지 확장시키려는 욕망의 표현이 된다. 종교적 세계가 이성의 빛으로 도달할 수 없는 어둠의 세계를 전제로 한다면, 그것은 동시에 그 어둠을 이성의 빛보다 더 높은 차원의 빛으로 보고자 한다. 그러나 종교가 침묵을 지키지 않고 얘기를 하고 그곳에 새로운 세계를 만든다면, 그것은 어둠의 빛을 어둠의 빛으로 받아들이지 못하고 그것을 이성의 빛으로 조명하려는 모순된 욕망이 아닐까? 신비주의가 비쳐 준다고 생각하는 어둠 속의 빛, 종교가 묘사한다고 자처하는 어둠 너머 세계는 사실상 빛에 대한 우리들의 끝없는 욕망의 다급한 표현에 불과할지도 모른다. 그것은 욕망이 만들어 낸 환상인지 모른다.

눈을 감을 때 사물이 더 잘 보인다는 역설이 진리인 듯 느껴지는 때가 있다. 밝은 대낮보다는 칠흑 같은 어둠 속에서 더욱 크나큰 빛을 보는 듯한 느낌을 가질 때도 없지 않다. 그렇지만 우리가 마지막으로 의지할 수 있는 것은 우리의 구체적인 눈, 우리의 의식, 우리에게 정상적으로 사물의 윤곽을 드러내 보이는 낮이 아닐까. 결국 우리가 방황 끝에 되돌아올 곳은 한없이 따분해 보이고 냉랭한, 그리고 낙망落望을 가져오는 자그마한 이성의 빛이 아닌가. 그렇다면 빛에 대한 우리의 한없는 갈증은 좌절감을 가져오고야 만다. 흥분했던 낭만적 신비주의, 초월적 종교가 그 본연의 신뢰할 수 없는 모습을 드러내 보일 때 우리는 새삼 우리의 앎의 한계, 우리를 둘러싼 뚫을 수 없는 신비의 무한한 어둠의 벽에 갇혀 있음을 새삼 의식한다. 우리를 밝혀 주는 빛은 겨울밤 산골 오막살이집 안방에서 깜박거리는 등불에 비유될 수 있을지 모른다. 우리를 밝혀 주는 빛은 나란 무엇인가, 인간이란 무엇인가, 자연이란 무엇인가, 역사란 무엇인가, 있다는 게 무엇인가라는 물음을 밝혀 준다기보다는 그러한 것들의 한없이 복잡하고 알 수 없는 수수께끼를 의식케 하고 놀라게 한다.

알 수 없는 어떤 것의, 누군가의 계획이 있었는지도 모른다. 그러나 나는 그것을 알 수 없다. 내가 알 수 있는 유일한 사실은 무한히 복잡하다고밖엔 말할 수 없는 인과관계에서 내가 태어났다는 것뿐이다. 내가 원해서가 아니라, 나는 그저 생명이라는 형태로, 인간이라는 모습으로, 남자가 아니면 여자로 살아갈 수 있는, 살아가야만 하는 양태로 태어났다는 것이다. 내가 내 부모를 선택하지 않았던 것과 마찬가지로 나는 내가 속해 있는 인종, 국가, 사회, 시대를 선택하지 않았다.

각 개인이 타고난 이러한 조건을 운명이라 불러도 좋겠다. 그렇다면 우리는 봄이 되면 일정한 곳에서만 싹이 트는 초목과 같은 것인가? 우리는 강아지나 병아리와 다름없이 주어진 여건에 완전히 예속되어야만 하는가? 우리는 완전히 인과관계로만 묶인 자연 현상의 작은 일부에 지나지 않는다는 말인가? 우리는 스스로의 의지나 결단이나 노력으로 어찌해 볼 수 없는 운명을 타고났음에 틀림없다. 이러한 사실을 부정한다면 그것은 망상에 지나지 않을 것이다. 그러나 인간은 완전히 운명의 노예는 아니다. 어떤 형이상학적인 원리로 우리는 우리의 이성으로는 알 수 없는 고차적 인과관계에 의해서 움직여지고 있는지는 모른다. 하지만 적어도 우리가 의지할 수 있는 유일한 근거인 경험의 차원, 이른바 현상학적 차원에서 볼 때 우리는 우리 자신의 운명을 다소나마 결정할 수 있는 자유와 힘을 갖고 있다. 나는 반드시 철학을 공부하게끔 운명 지어지진 않았다. 나는 반드시 배신자로 결정되지 않았다. 나는 반드시 결혼해야만 하도록 되어 있지 않았다. 어떤 아내 혹은 남편을 고르는가는 결국 나의 결정에 달려 있다. 여기서 실존주의자들이 말하는 자유의 뜻이 이해된다.

나의 결단에 의해서 나의 삶의 태도가 결정되고, 나의 태도에 의해서 나의 생리적·인종적·문화적·사회적·지리적 모든 여건의 뜻이 밝혀지고 생길 수 있다면 '나는 운명의 노리개'라기보다는 '내가 내 운명을 만들어 낸다'는 말이 더 정확할 것이다. 나의 자유는 어떻게 쓰일 것인가? 나는 나의 자유로 무엇을 하겠다는 말인가? 이러한 질문은 내가 어

떻게 살아가는 것이며 어떻게 살아가야 할 것인가의 질문과
일치한다. 그것은 삶의 목적을, 삶의 뜻을 어디에 두어야 하
는가의 질문으로 다시 바꿔 놓을 수 있다.

하루에 몇 번씩 기저귀를 갈아 차야 했던 괴로움을 잊는
다고 하자. 기저귀를 떼어 버리고 나선 달콤한 잠에서 깨어
무거운 가방을 짊어지고 초등학교에 가야 하는 고통을 누
구나 겪어야 한다. 숙제를 하고, 시험을 보고, 선생님한테 꾸
지람 들을까 걱정을 해야 한다. 조용하고 따뜻한 부모의 보
호가 있는 집, 왕자와 공주처럼 귀여워해 주고 아껴 주는 집
을 떠나 초등학교에 가면 그 떠들썩한 분위기, 정신이 어리
둥절하게 부산한 꼬마들의 등쌀 속에서 나는 잘해야 그 많
은 수효의 하나에 불과함을 의식한다. 나는 왕자나 공주가
아니다. 나만이 귀여움을 받는 아들이나 손녀가 아니다. 코
끼리에 대해서, 산술에 대해서, 한글 문법에 대해서 배울 때
느끼는 신기함과 환희를 경험하지 않는 것은 아니다. 그러나
유치원에서 대학에 이르기까지 우리는 즐거움보다 고통에
더 시달려야 하지 않는가?

그러면서도 운이 좋으면 대학을 졸업할 때까지, 아니 그

이후 얼마 동안은 부모나 가족의 보호를 받는다. 나는 별로 큰 책임을 지지 않는다. 설사 인생이 무엇이냐 하는 괴로운 의문이 심심치 않게 튀어나온다 해도, 그리고 내 할머니나 할아버지 혹은 부모의 죽음, 이웃이나 친지의 죽음을 하나 둘 겪게 된다 해도 나에게는 아직도 그 모든 사건들이 남의 일이나 하나의 사건에 불과할 뿐 나의 죽음으로 절실히 결부되지 않는다. 내게는 할 일이 많다. 나는 희망에 가득 차 있다. 나는 아직 새파랗게 젊다. 젊음은 보배요 자랑이다. 늙음이나 죽음은 남의 얘기이며, 책에 쓰인 얘기일 뿐이다. 사회적 명예, 학문적 업적이 나를 자극하고 내 삶의 활력소를 이룬다. 나는 사업에 성공해서 물질적 풍요와 그것에 따르는 권력을 행사하고자 한다. 좋은 집, 고급 양주, 세계 일주 여행, 자선 사업의 미래가 나를 이끌어 간다. 아니 나는 큼직한 권력을 잡아 사람들을 휘두르고 세상을 내 손아귀에 넣고 싶다. 그뿐이랴. 나는 가장 아름다운 사랑을 꿈꾼다. 소설이나 영화에서 보는 간절하고 낭만적인 사랑을.

꿈은 꿈이다. 젊음의 꿈은 더욱 그렇기 쉽다. 이미 나는 부모의 따뜻한 보호만 받을 수는 없다. 나는 독립해서 어느 누구도 대신할 수 없는 어려운 결정들을 계속 내려야 하고 생활 전선에서 싸워야 한다. 대부분 젊은 사람들의 꿈은 시시한 현실의 파편으로 퇴색하여 제 모습을 드러낸다. 나는 어려운 결정, 가령 직장이나 결혼 문제를 무한정 연장할 수 없다. 현실은 나에게 엄청난 결단을 계속 강요한다. 어려서부터 좋아했던 시를 쓰겠다면 나는 가난과 맞서야 한다. 결혼을 않고 혼자 사는 자유를 원한다면 나는 고독, 특히 노년의 황량한 나날을 각오해야 한다. 결정이 어려워도 무한정 연장할 수 없다. 가혹한 시간은 우물우물하는 결단 부족 자체가 하나의 결단임을 뒤늦게나마 반드시 보여준다.

나의 어렸을 때 혹은 젊었을 때의 꿈은 실현되건 안 되건 이미 미지수로서의, 오로지 희망으로서의 꿈이 아니다. 나는 이미 남편이요, 아버지요, 회사원이다. 나는 권력을 잡은 장군이요 혹은 이미 파산한 사업가이다. 어느덧 머리가 희고, 몸이 예전처럼 자유롭지 않다. 20년 만에 만난 대학 동창의 얼굴에서 가혹한 세월을 읽는다. 몰락해서 비참해진 옛 부호의 아들에게서 부귀의 무상을 들여다본다. 고령인 어머니의 마지막 병상에서 어쩔 수 없는 자연 법칙의 가혹함을 다시금 실감한다. 자식이 어느덧 아이를 낳고, 나는 할아버지가 됐다. 태어남과 죽어감, 낳고 또 죽고, 이 삶의 끝임없는 지루한 반복. 이러한 것이 얼마나 계속되었던가? 이런 일이 언제 시작되었던가? 이게 무슨 뜻을 가졌는가?

강자와 약자, 부자와 빈자, 지배자와 피지배자, 악한 자와 선한 자, 웃는 자와 우는 자, 죽음은 이 모든 사람들을 평등의 무덤으로 몰아넣는다. 제아무리 강한 사람, 제아무리 부유한 사람들도 죽음 앞에서 궁극적인 무력을 느낀다. 죽음 앞에서 우리들은 다 같이 물에 빠진 어린애에 지나지 않는다. 죽음은 삶의 뜻을, 희로애락의 뜻을, 우리가 귀중히 여기는 모든 가치의 의미를 다시금 묻게 한다. 죽음은 시작 없는 우주의 시작, 끝없는 존재의 끝과 그것들의 궁극적인 뜻을 제기한다. 이게 다 어떻게 시작된 것이며, 어디로 가는 것이며, 무엇을 상징하는가? 우리는 나비의 꿈속에 갇혀 있지 않은가? 이런 질문이 부닥치는 것은 미지의 두터운 어둠뿐이다. 철학적 투명한 빛, 성인들의 깊은 지혜도 이 궁극적 어둠 앞에선 아무것도 밝히지 못한다. 의지할 곳 없는 우리들의 이 안타까움. 여기서 우리는 종교를 발명코자 하는 유혹

에 빠진다. 우리 대다수의 좌절된 시시한 꿈, 바람, 죽음이라고 하는 우리의 마지막 어둠. 우리의 헤아릴 수 없는 노력. 고통의 뜻 없어 보이는 종말. 우리의 가장 빛나는 빛의 지혜. 이성이 무력해지는 사물 현상의 궁극적 어둠에서 이성의 직선적 논리를 꺾고, 보이지 않는 초월의 세계를 본다. 우리의 이 어둠에 빛을 밝혀 주고, 우리의 고통에 흐뭇한 의미를 부여하고, 우리의 절망에 희망을, 우리의 죽음을 영생으로 연결하는 저 너머의 세계를 상상하고, 우리의 강한 소망이 그 상상물을 실제로 변형시킨다.

하느님의 구원의 손길은 우리들의 잃어버린, 아니 무력해진 우리들 부모의, 형제자매의, 친구의, 이웃의, 우리의 모든 지혜를 대신해서 뻗는다. 우리는 우리의 간절한 소망이 발명해 낸 빛에서 새롭고 한결 궁극적인 희망을 발견한다. 니체는 종교가 약자들이 강자들에 대한 복수의 수단으로 발명한 것이라는 독창적인 이론을 세웠다. 그러나 종교는 아무리 해도 우리의 고통과 궁극적 무력함의 상상물이라는 고전적 해석이 더욱 옳은 것 같다. 종교가 우리가 알고 체험하는 세계에, 우리네 삶에 의의를 부여하려는 시도라면 그것은 빛에 대한 우리의 희구에 불과하다.

그러나 우리의 바람과 현실은 구별되어야 한다. 바람이 반드시 현실이 되는 것은 아니다. 바람이 현실로 착각될 때 우리는 더욱더 불행해진다. 빛이 아닌 빛이라는 환상의 빛으로 믿어질 때 우리는 헤어날 수 없는 더 짙은 어둠 속에 빠져들 위험이 많다. 만약 종교적 믿음, 종교적 앎, 종교적 진리, 종교적 빛이 하나의 크나큰 환상이라면 어떻게 되겠는가? 만약 이런 가능성이 사실이라면 종교는 마르크스의 말대로 아편이라 할 수 있다. 아편은 잠시 고통을 덜어 줄지 모르나 우리의 아픔을 고쳐 주지 않는다. 끝내 아편은 우리를 불치의 더 심한 고통으로, 그리고 죽음으로 유인한다. 빛에 한계가 있다는 것이 사실이며, 그러한 사실이 고통스러운 것이라 한다면 차라리 그러한 한계를 인정하고 그 한계 안의 빛을 따라가야 하지 않겠는가? 우리의 고통이 크고, 우리의 욕망이 채워지지 않는다면 차라리 그런대로 견디는 것이 더욱 정직한 태도가 아닐까? 죽음이 궁극적 어둠으로 우리를 몰아간다면 우리는 그 어둠을 어둠으로 인정하고 죽음을 받아들일 수밖에 없지 않는가? 우리가 갖고 있는

제한된 이성의 빛을 따라 모르면 모르는 대로 알고 있는 한계 안에서, 괴로우면 괴로운 대로 알고 있는 그 괴로움을 제거하면서, 궁극적 의미가 없으면 없는 대로 시시한 의미들을 채워 가면서.

한 인간의 삶은 보기에 따라 아름답기도 하고 딱하기도 하고 측은하기도 하다. 따뜻한 정, 어린이들의 철없는 놀이, 애인을 기다리는 젊은이의 안타까움, 불우한 이웃을 돕는 손, 어떤 이상을 위해서 자신을 바치는 정열은 모든 이론을 초월해서 아름답다. 결코 이루어지지 않는 욕망을 추구하는 모습, 결국은 연로하여 죽어 가는 운명을 지닌 삶은 딱하고 측은하다. 보기에 따라 인생은 희극이요 비극이기도 하다. 만일 전지전능한 하느님이 아니더라도 조금 거리를 두고 사람들의 사는 모습을 보면 폭소가 터질 수도 있고 동시에 눈물이 쏟아질 수도 있다. 무엇인가 알고 있다고 따지는 모든 주장, 무엇인가 옳다고 주장하는 심각한 우리들, 진리·사랑·도덕·정의를 주장하고 외치며 사는 우리들. 물고 뜯고 웃고 성내는 우리의 간사한 모습. 만약 인류보다 열 배의 지혜를 가진 동물이 있다면 우리들 가운데서 가장 위대하다는 철학자나 성인이나 과학자의 얕은 생각에 측은한 미소를 지을지도 모른다. 돌이켜 생각해 보면 그 깊다는 지혜들이 무슨 궁극적인 진리를 보여주는가? 과연 어떤 지혜에 의해서 삶의, 아니 모든 존재의 의미가 밝혀졌던가? 이게 다 뭐냐? 이러한 질문은 해답 없는 메아리가 되어 우리의 깊은 마음속에 울려올 뿐이다.

아무리 논리적으로 정연한 결론이 삶의 무의미를 연역해 내어도 우리는 삶에 집착한다. 우리는 근본적인 이유도 모르고 의미도 찾지 못한 채 살아야 한다. 삶은 끝없는 코미디인지도 모른다. 그러나 삶을 코미디로서만 간주할 수 없다. 보기에 따라 코미디는 비극일 수 있기 때문이다. 이제 여태까지의 폭소가 분노의 고함으로 바뀐다. 관조적이기만 했던 우리는 극렬한 행동인이 되어야만 할 것 같다.

사람들은 너무 요사하다. 너무 가면적이다. 사회는 너무나 부당한 것으로 짜여 있다. 만일 전지전능한 하느님이 계신다면, 이러한 것을 만들어 놓고 관조만 하는 그는 너무나도 가혹하다. 잔인하리만큼 가혹하다. 어찌 하느님을 믿을 수 있겠는가? 어찌 그 앞에 무릎을 꿇고 두 손을 모아 공경

하고 겸손한 마음으로 기도를 올릴 수 있겠는가?

술잔을 놓고 밤새도록 굳게 맺은 영원한 우정도 몇 년 못 가서 까마득히 잊히거나 어쩌다 만나면 서먹서먹한 악수로 끝나든지 더 심한 경우 적을 만드는 계기로 그 정면을 드러 낸다. 죽음을 걸고 영원을 약속한 사랑이 10년이 못 가서 권태와 멸시와 증오의 대상이 되거나 원수가 되기도 한다. 우리는 누구나 자기 자신만의 이기심을 추구하기만 하는가. 사랑·우정·박애란 감정은 이러한 이기심의 가면에 불과할 뿐이란 말인가. 인간, 인간 사회, 인간의 감정은 그 속을 들 여다보면 결국 가짜에 불과하단 말인가. 전지전능하고 무한 한 하느님의 사랑도 가짜가 아닐까? 모든 게 가짜에 지나지 않은가? 나비의 꿈에 지나지 않은가? 우리의 가까운 주위 를 돌아보자. 인류의 역사책을 다시 뒤져 보자. 우리는 언제 나 위기에 살고 있고, 살아왔던 것 같다. 오늘날 우리는 밤 낮으로 전쟁의 위협 속에 산다. 매일 경제적·정신적 위기에 산다. 세계 어디서든 거의 쉬지 않고 전쟁, 쿠데타, 폭력, 재 난이 끊일 날이 없다.

형이상학적·우주적 어둠에 앞서 우리들은 정치적·사회

적 그리고 도덕적 어둠에 몇 겹으로 싸여 있다. 우리는 분노한다. 질식한다. 그리고 반항하고 싶은 강렬한 충동을 느낀다. 인류가 짜내 온 최고의 지혜, 가장 깊은 철학도 우리의 어둠을 밝혀 주지 못한다. 인류의 고통이 상상해 낸 모든 종교적 기도에서 우리는 마음의 평화를 찾지 못하고, 그것은 또한 우리의 정신적·육체적 고통을 풀어 주지 못한다. 그러나 세계는 끝나지 않았다. 세상은 완전한 밤중만은 아니다. 인생이, 세상이 궁극적으로 늦가을 초승달 하나 없는 밤이라면 거기엔 미흡하나마 반짝이는 무수한 별들이 박혀 있다. 우리의 지적 세계가 눈만 쌓이는 깊은 밤이라면, 온돌방엔 아직도 깜박이는 등불이 타고 있다.

어느 논리보다도 투명한 여름. 불처럼 뜨거운 혹서酷暑. E 대학 캠퍼스의 무성한 정원. 거기 몇몇 아주머니들이 호미를 들고 잡초를 뽑는다. 아무 말 없이 흰 수건으로 뙤약볕을 가린 채. 언덕 저쪽 빌딩 공사장에서 벽돌을 나르고 콘크리트를 다지는 인부들. 짙은 나무 그늘 밑에서 보던 책을 놓고 바람을 즐기는 두 여학생. 가끔 매미 우는 소리에 죽은 듯한 오후의 고요가 깨지곤 한다. 어느 과학적·철학적 이론보다도 투명한 낮, 뜨거운 태양의 크리스털 같은 여름.

수만 리 떨어진 타향 산중에서 동료를 구하고 희생된 젊은 산악인. 얼마 전 결혼한 노총각이 아기를 낳아 기뻐하는 모습. 곤충 연구에 몰두하는 늙은 과학자. 첫 시집을 내고 만족감을 감추지 못하는 무명 시인. 자신의 이상을 위해서 목숨을 바친 수많은 무명의 혁명 투사. 나라를 지키기 위해 힘껏 싸우다 산화한 수많은 무명용사. 그리고 그 무덤 앞에 꽃을 심고 가꾸는 이름 없는 마음과 손들. 멀리 떨어져 있는 친구에게서 받는 따뜻한 안부 편지. 찰랑이는 바닷물에 뛰어들어 헤엄치는 쾌감. 애인과 막걸리 한잔을 나누는 자랑스러움. 나이트클럽에서 밤새도록 춤추는 젊은이들. 어려운 철학적 이론을 동댕이치고 심오한 종교적 진리를 팽개치고 하느님이 없은들 어떠랴, 영생이 없은들, 인생의 의미가 없은들 어떠랴. 하나하나의, 구체적이며 개별적인 행위와 경험이 모두 유일한 의미라면.

햇빛이 산천초목, 마을과 도시, 사람과 짐승들의 윤곽을 드러낸다. 정원과 아늑한 주택들, 높은 빌딩, 자동차, 꽃병, 담배꽁초, 벌레 그리고 꽃무늬들. 있는 것들은 더욱더 그 모습을 가다듬고 질서를 갖춘다. 사람들의 사고에 의해서 우주, 지구, 나라, 역사와 그것들의 의미가 해석되고 정돈된다. 주의 깊은 눈은 무한한 혼돈 속에서 역시 무한한 빛을 발견한다. 그만큼 헤아릴 수 없는 그늘들, 그림자들과 함께. 수많은 빛의 얼룩짐 속에서 삶은 "이게 다 무엇이냐?" 하는 따위의 추상적인 질문을 잊거나 생각하지 않는다. 구체적인 그 시시한 삶들의 각 순간이 삶의 뜻, 우주의 뜻, 역사의 뜻이 아니고 무엇이겠는가? 삶에 열중하면서 우리들은 죽음 앞에서도 그저 흐뭇해질 수 있는 게 아니랴.

아니, 이게 모두 시시하고 유치한 인간의 상념인지도 모른다. 그냥 살면 그만이지 진리, 의미, 앎, 행복, 정의, 선악이 다 무슨 의미가 있겠는가? 변하는 계절, 불어오는 바람, 구름, 저 산, 저 높은 하늘의 관점에서 볼 때 인간의 고락, 실존적 고민, 삶과 죽음 그리고 빛과 어둠이 무슨 의미가 있겠는가? 그게 무슨 상관이 있겠는가? 저 별들, 헤아릴 수 없는 위성들의 눈에는 인류의 역사, 인류의 영광, 인류의 자만심은 하잘것없는 그림자의 그림자에 지나지 않을 게 아닌가?

어떠한 상상도 미치지 못하는 무한한 공간, 무한한 시간,

아니 공간과 시간의 의미가 무의미해지는 자리에서 천당과 지옥, 영생과 종생이 무슨 의미를 가질 수 있겠는가? 이처럼 우주적 관점에서 우리는 이른바 해탈을 할지 모른다. 그러나 무엇을 위한 해탈이냐? 그러한 해탈은 결국 구체적인 우리의 이 시시한, 너절한 삶을 얼룩지게 하는 희로애락에 대한 의미를 밝혀 주고, 살과 피로만 존재할 수밖에 없는 시간과 공간에 매여 있는 이 하잘것없는 삶의 문제들을 풀기 위한 시도에 불과하지 않은가.

우리는 우리를 하늘에서 바라볼 수는 없다. 우리의 삶은, 그 삶의 의미는 이 땅에 매여 있다. 우리는 구체적으로 먹고 소화하고 자고 분비하게 마련이다. 우리의 희로애락, 우리 삶의 결판도 시시한 땅 위에서, 천문학적 입장에서 보면 한순간도 되지 않는 시간 속에 매여 살게 마련이다. 그러기에 우리는 다시 일하고 노력하고 비판하고 싸우고 또 이겨야 한다. 그러기에 우리는 알 수 없는 초월의 세계가 아니라 우리가 확신하고 있는 유일무이한 이 땅에서 하나만의 이 구체적인 삶에 참여해야 한다. 우리 삶의 마당인 사회와 역사에 뛰어들어 그 속에서 싸우고 웃고 울고 아파하고 기뻐

하며 춤춰야 한다. 가면극이 아니라 알몸으로, 있는 그대로
의 정체를 드러내어 삶의 드라마를 펼쳐야 한다. 궁극적으
로 우리의 형이상학적인 욕망이 수포로 돌아가더라도, 아니
그렇기에 더욱 뜨겁게, 알차게 살아야 한다. 끝이 날 때까지,
아니 죽음이라고 하는 끝이 있으니까.

우리들은 빛 속에만 있지도 않는다. 우리의 세계는 투명
치 않다. 그렇다고 우리의 세계는 어둠 속에 덮여 있는 것만
도 아니다. 어둠과 빛, 빛과 어둠의 어릿어릿한 엇갈림 가운
데서 우리는 완전히 좌절하진 않는다. 그렇지만 우리는 어
떤 독단도 버릴 수 없는 겸허한 태도를 배운다. 나이에 눌
려, 어떤 알 수 없는 크나큰 원리에 따라 벌써 고령이 되어
병상에 누워 나날이 쇠약해지시는 어머님을 지켜보면서 알
것도 같은데 모르는, 모르면서도 알 것 같은, 어둠과 빛으로
얼룩진 '삶'의, 그리고 '있음'의 신비에 다시 한번 잠겨 보는
마음이다. 끝끝내는 모든 것이 좌절할 것 같은 우리의 안타
까움, 그리고 영원히 침묵의 입을 벌리지 않는 이 궁극적 수
수께끼. 또한 우리들의 무력함과 허탈감.

그러면서 인간이 없었을 우주, 인간의 의식에 비치지 않

고, 인간의 생각에 의해서 밝혀지지 않았을 우주의 고독과 어둠을 생각해 볼 때, 무력한 우리 스스로에게 다소의 긍지를 갖게 되고, 거기서 어떤 우주적 의미를 찾을 것 같은 느낌도 든다.

인간은 네로 황제처럼 잔인할 수도 있고, 스탈린처럼 무자비할 수도 있고, 히틀러처럼 광기의 포로가 될 수도 있지만, 또한 부처님과 같이 자비로울 수도 있고, 예수와 같이 의로울 수도 있다. 파스칼의 말대로 인간은 육체적으로 갈대보다도 나약한 동물일지 모르나, 또한 노자나 플라톤, 뉴턴과 같은 생각의 빛이 되어 우리들 자신 그리고 우주의 어둠에 미약한 대로 빛이 될 수 있다. 그렇다. 우리의 그 누구도 궁극적 진리를 갖지 못한다. 누구도 선악에 대한 궁극적 권위를 갖지 못한다. 그만큼 우리의 이성은 보잘것없고, 그만큼 우리들의 양심은 자신을 갖지 못한다. 그러면서도 우리가 의지할 수 있는 유일한 빛은 이성이고, 우리가 믿을 수 있는 유일한 가치의 잣대는 양심이 아니고 무엇이겠는가? 설사 모든 것은 아무 의미도 없다고 하자. 그렇다면 우리는 무엇을 해야 한단 말인가? 죽는다? 그렇다면 죽어서 무엇

하겠는가? 이성의 가르침에 따라 곧게 살고, 양심의 명령에 따라 옳게 사는 것 말고 다른 의미가 어디 있겠는가? 궁극적 어둠을 다소나마 밝혀 주는 이성과 양심의 빛 말고 무슨 가치가 있겠는가?

그러기에 끊임없는 희망과 좌절, 의미와 무의미의 애매한 중간 지역에서 헛될지 모르지만 애쓰고, 착각일지 모르지만 주장하고, 지게 될지 모르지만 투쟁하고, 배반당할지 모르지만 사랑한다. 어둠과 빛의 중간 지역에서 우리는 모르지만 알려 하고, 쓰러지지만 다시 일어나고, 결국은 죽지만 살려고 하는 것이다.

끓는 듯한 맑은 태양이 E대학의 캠퍼스의 녹음을 더욱 푸르고 투명케 한다. 한여름의 빛, 구체적인 빛. 창밖에서 뜨거운 햇빛 아래 나같이 시시한 잡념에 흔들리지 않고, 일꾼들이 교실을 짓느라고 망치를 두들기는 소리가 난다. 수건을 둘러쓴 여자들은 아직도 정원의 잡초를 뜯는다. 활짝 열린 창문으로 불어오는 바람에 나의 겨드랑이는 무척 행복해진다.